한국의 근현대 전법 선맥 (近現代 傳法 禪脈)

75조 경허 성우(鏡虛 惺牛) 전법선사

 오도송

홀연히 콧구멍 없는 소 되라는 말끝에	忽聞人語無鼻孔
삼천계가 내 집임을 단박에 깨달았네	頓覺三千是我家
유월의 연암산을 내려가는 길에서	六月鷰岩山下路
일없는 야인이 태평가를 부르노라	野人無事太平歌

76조 만공 월면(滿空 月面) 전법선사

 전법게

구름과 달, 산과 계곡이라, 곳곳에서 같음이여	雲月溪山處處同
선가의 나의 제자 수산의 큰 가풍일세	叟山禪子大家風
은근히 무문인을 그대에게 분부하니	慇懃分付無文印
이 기틀의 방편이 활안 중에 있노라	一段機權活眼中

* 제75조 경허 성우 전법선사 전함 / 제76조 만공 월면 전법선사 받음

77조 전강 영신(田岡 永信) 전법선사

 전법게

불조도 전한 바 없어서	佛祖未曾傳
나 또한 얻은 바 없음을…	我亦無所得
가을빛 저물어 가는 날에	此日秋色暮
뒷산의 원숭이가 울고 있네	猿嘯在後峰

* 제76조 만공 월면 전법선사 전함 / 제77조 전강 영신 전법선사 받음

78대 대원 문재현(大圓 文載賢) 전법선사

 전법게

부처와 조사도 일찍이 전한 것이 아니거늘	佛祖未曾傳
나 또한 어찌 받았다 하며 준다 할 것인가	我亦何受授
이 법이 2천년대에 이르러서	此法二千年
널리 천하 사람을 제도하리라	廣度天下人

부송(付頌)

어상을 내리지 않고 이러─히 대한다 함이여	不下御床對如是
뒷날 돌아이가 구멍 없는 피리를 불리니	後日石兒吹無孔
이로부터 불법이 천하에 가득하리라	自此佛法滿天下

* 제77조 전강 영신 전법선사 전함 / 제78대 대원 문재현 전법선사 받음

이 오도송과 전법게는 대원 문재현 선사님께서 법리에 맞도록 새롭게 번역한 것입니다.

The Zen Lineage of Enlightenment in Modern Korea

75th Patriarch *JeonBeop* Zen Master GyeongHeo SeongU

- Song of Enlightenment

Upon the words 'become an ox without nostrils',
At once I realized the entire universe is my home.
On the way down from Yeon-am mountain one day in June,
The enlightened man leisurely sings a song of great peace.

76th Patriarch *JeonBeop* Zen Master ManGong WolMyeon

- Song of Dharma Transmission

O'cloud and moon; mountain and stream: the same here and there.
This is the great tradition of SuSan[1], my student in the lineage of Zen.
Secretly entrust the traceless seal,
The way to enlightenment is in the living eye.

* Given by 75th Patriarch *JeonBeop* Zen Master GyeongHeo SeongU
  Received by 76th Patriarch *JeonBeop* Zen Master ManGong WolMyeon

77th Patriarch *JeonBeop* Zen Master JeonGang YeongSin

- Song of Dharma Transmission

Even the Buddha and the patriarchs had transmitted nothing,
So too, I have received nothing.
On a day fading with the autumn hue,
The monkey cries in the mountains behind us.

* Given by 76th Patriarch *JeonBeop* Zen Master ManGong WolMyeon
  Received by 77th Patriarch *JeonBeop* Zen Master JeonGang YeongSin

78th Patriarch *JeonBeop* Zen Master DaeWon Moon JaeHyeon

- Song of Dharma Transmission

Even the Buddha and the patriarchs had transmitted nothing,
How could I say I have received it or will give it.
This Dharma, in the 21st century,
Will be a refuge for all in this world.

- Song of Entrusting the Dharma

To respond just like this without leaving his throne,
In days to come a child of stone will blow a flute without holes.
Thenceforth, the Dharma will spread throughout heaven and earth.

* Given by 77th Patriarch *JeonBeop* Zen Master JeonGang YeongSin
  Received by 78th Patriarch *JeonBeop* Zen Master DaeWon Moon JaeHyeon

1) SuSan : Another name for *JeonBeop* Zen Master ManGong.

韩国的近现代传法禅脉

第75祖 镜虚惺牛传法禅师

- 悟道颂
忽闻人语无鼻孔
顿觉三千是我家
六月鹫岩山下路
野人无事太平歌

第76祖 满空月面传法禅师

- 传法偈
云月溪山处处同
叟山[2]禅子大家风
殷勤分付无文印
一段机权活眼中

* 第75祖 镜虚 惺牛 传法禅师 传
第76祖 满空 月面 传法禅师 受

第77祖 田冈永信传法禅师

- 传法偈
佛祖未曾传
我亦无所得
此日秋色暮
猿啸在后峰

* 第76祖 满空 月面 传法禅师 传
第77祖 田冈 永信 传法禅师 受

第78代 大圆文载贤传法禅师

- 传法偈
佛祖未曾传
我亦何受授
此法二千年
广度天下人

- 付颂
不下御床对如是
後日石儿吹无孔
自此佛法满天下

* 第77祖 田冈 永信 传法禅师 传
第78代 大圆 文载贤 传法禅师 受

2) 叟山：满空月面传法禅师的号。

불조정맥 제 77조 대한불교조계종 전강 대선사님께서는, 16세에 출가하여 23세 때 첫 깨달음을 얻고 25세에 인가를 받으셨다. 당대의 7대 선지식인 만공, 혜봉, 혜월, 한암, 금봉, 보월, 용성 선사님의 인가를 한 몸에 받으셨으며, 이 중 만공 선사님께 전법계를 받아 그 뒤를 이으셨다. 당대의 선지식들이 모두 극찬할 정도로 그 법이 뛰어나서 '지혜제일 정전강'이라 불렸다.

33세의 최연소의 나이로 통도사 조실을 하셨고, 법주사, 망월사, 동화사, 범어사, 천축사, 용주사, 정각사 등 유명선원 조실을 역임하시고 인천 용화사 법보선원의 조실로 일생을 마치셨다.

1975년 1월 13일, 용화사 법보선원의 천여 명 대중 앞에서 "어떤 것이 생사대사(生死大事)인고?" 자문한 후에 "악! 구구는 번성(飜成) 팔십일이니라." 라고 법문한 뒤, 눈을 감고 좌탈입망하셨다.

다비를 하던 날, 화려한 불빛이 일고 정골에서 구슬 같은 사리가 무수히 나왔다. 열반하시기까지 한결같이 공안 법문으로 최상승법을 드날리셨으니 그 투철한 깨달음과 뛰어난 법, 널리 교화하기를 그치지 않으셨던 점에 있어서 한국 근대 선종의 거목이라 일컬어지고 있다.

The Great Zen Master JeonGang of the Jogye Order of Korean Buddhism is the 77th Patriarch in the Dharma Lineage of the Buddha. He became a monk when he was 16 years old and enlightened to True Self when he was 23 years old. After receiving confirmation of his enlightenment, or *in-ga*, from the 7 great Zen Masters of the time: ManGong, HyeBong, HyeWol, HanAm, GeumBong, BoWol, YongSeong, he received formal transmission of the Dharma from Master ManGong when he was 25 years old. Because of the unsurpassed wisdom he showed during this time he was known as "JeonGang, the foremost in wisdom."

When he was 33 years old the great Zen Master JeonGang was requested to be the *Josil*, or spiritual master of the large monastery, Tongdo temple. This made him the youngest master to have ever held the position of *Josil* in a Korean Buddhism. Later he acted as *Josil* at the famous meditation halls at Beobju temple, Mang-wol temple, Donghwa temple, Beom-eo temple, Cheonchuk temple, Yongju temple and Jeong-gak temple.

He ended his life in the position of *Josil* at Yonghwa temple Beopbo meditation hall. On Jan 13, 1975 the assembly of one thousand or so gathered and he asked,

"What is the big work of life and death?" the assembly was quiet so he answered himself, "Hak! Even backwards 9 times 9 is 81," he said, then entered into Nirvana the very next moment.

On the day of his cremation the sky was illuminated with lights and many sarira, shaped like jewels, were found in the ashes. Until the day of his death Master JeonGang constantly taught one way to awaken to the highest Truth through the use of a *kong-an*. By virtue of his penetrating awakening he was able to teach countless meditators, and so was known as the 'main pillar' of the modern Korean Zen Tradition.

佛祖正脉第77祖-大韩佛教曹溪宗田冈大禅师16岁出家，23岁悟道，25岁受到了印可。当代的七大善知识满空、慧奉、慧月、汉巌、锦峯、宝月、龍城禅师都给与印可，田冈禅师其中受了满空禅师的传法偈，继承了他的佛法。

当代的善知识们都非常称赞他的佛法，所以人称外号"智慧第一郑田冈"。

33岁时以最年少的年龄担任了大韩民国通度寺的祖室，后来多次历任法住寺、望月寺、桐华寺、梵鱼寺、天竺寺、龙珠寺、正觉寺等寺院的祖室，最后担任仁川龙华寺法宝禅院祖室的时候结束了他的一生。

1975年1月13日，在龙华寺法宝禅院法堂上当着1000余人大众，自问"什么是生死大事？"然后"嗬！九九飜成八十一"说完闭眼端坐进入了涅槃。

茶毘（佛教用语：焚烧或火葬）时华丽的火光冲天，并从顶骨中整理出了很多舍利子。圆寂之前还在教化门上用公案法门指导最上乘佛法。这种彻悟境界和高超的佛法，以及孜孜不倦的教化精神被现代人誉为近代韩国禅宗的巨匠。

불조정맥 제78대 대원 문재현 전법선사
- 양대 강맥 전강대법회에서 법문 중 할을 하시는 모습

The 78th Patriarch in the Dharma Lineage of the Buddha *JeonBeop* Zen
Master DaeWon Moon JaeHyeon
- Master instructing disciples during Dharma talk.

佛祖正脉78代大圆文载贤传法禅师
- 出席两大讲脉传讲大法会，法门中棒喝的场面

오로지 정법만을 깨닫기 서원합니다
입을 열면 정법만을 설하기 서원합니다
중생이 다하는 그날까지 교화하기 서원합니다
– 대원 문재현 전법선사의 3대 서원

I vow to enlighten to the Truth.
I vow to speak of only the Truth.
I vow to teach only the Truth until all beings are saved.
- The Three Vows of *JeonBeop* Zen Master DaeWon Moon JaeHyeon

愿但求悟正法
愿开口说正法
愿教化到没有众生的那一天
– 大圆文载贤传法禅师的3大誓愿

불교 8대 선언문 / The eight pillars of Buddhism / 佛教8大宣言文

1. 불교는 자신에게서 영생을 발견하게 한 유일한 종교이다
2. 불교는 자신에게서 모든 지혜를 발견하게 한 유일한 종교이다
3. 불교는 자신에게서 모든 능력을 발견하게 한 유일한 종교이다
4. 불교는 자신에게서 모든 것을 이루게 한 유일한 종교이다
5. 불교는 자신에게서 극락을 발견하게 한 유일한 종교이다
6. 불교는 깨달으면 차별 없어 평등하다는 유일한 종교이다
7. 불교는 모든 억압 없이 자신감을 갖게 한 유일한 종교이다
8. 불교는 그러므로 온 누리에 영원할 만인의 종교이다

Buddhism is not a religion that blindly follows an omnipotent God, instead in Buddhism we:
1. Find the eternal life that we already possess
2. Find our innate and complete wisdom
3. Find our innate and unlimited abilities
4. Realize that everything comes from our Mind
5. Find that Paradise is innate within ourselves
6. Awaken to the equality of all things
7. Possess complete and true faith in ourselves
8. Find that Buddhism is for anyone at anytime

1. 佛教是唯一能从自身发现永生的宗教。
2. 佛教是唯一能从自身发现一切智慧的宗教。
3. 佛教是唯一能从自身发现一切能力的宗教。
4. 佛教是唯一能从自身成就一切的宗教。
5. 佛教是唯一能从自身发现极乐的宗教。
6. 佛教是唯一悟道了平等无差别的宗教。
7. 佛教是唯一没有一切抑压而让人抱有自信心的宗教。
8. 佛教是因此宇宙中永生的万人的宗教。

- 대원 문재현 전법선사 주창

- *JeonBeop* Zen Master DaeWon Moon JaeHyeon

- 大圓文載賢传法禅师主倡

달마의 일할도 허락지 않는다

3개국어판

Not Even Bodhidharma's One Shout

达摩的一喝也不允许

달마의 일할도 허락지 않는다 3개국어판

대원 문재현 선사 지음

도서출판 문젠(구, 바로보인)은 정맥선원에서 운영하고 있습니다.

* 인제산(人濟山) 성불사(成佛寺) 국제정맥선원
  경기도 포천시 내촌면 소리개길 86-178 ☎ 031-531-8805
* 인제산(人濟山) 이룬절 포천정맥선원
  경기도 포천시 내촌면 소리개길 86-123 ☎ 031-532-1918
* 도봉산(道峯山) 도봉정사(道峯精舍) 서울정맥선원
  서울시 도봉구 도봉로 921 문젠빌딩 2층 ☎ 02-3494-0122
* 백양산(白楊山) 자모사(慈母寺) 부산정맥선원
  부산시 동래구 아시아드대로 114번길 10 대륙코리아나 2층 212호 ☎ 051-503-6460
* 자모산(慈母山) 육조사(六祖寺) 청도정맥선원
  경북 청도군 매전면 동산리 산 50 ☎ 010-4543-2460
* 광암산(光巖山) 성도사(成道寺) 광주정맥선원
  광주광역시 광산구 삼도광암길 34 ☎ 062-944-4088
* 대통산(大通山) 대통사(大通寺) 해남정맥선원
  전남 해남군 화산면 송계길 132-98 중정마을 ☎ 061-536-6366

바로보인 불법 ㊲
달마의 일할도 허락지 않는다 3개국어판

초판 1쇄 펴낸날 단기 4349년, 불기 3043년, 서기 2016년 5월 20일

저　자 **대원 문재현 선사**
펴 낸 곳 도서출판 문젠(Moonzen Press)
487-835, 경기도 포천시 내촌면 소리개길 86-178
전화 031-534-3373 팩스 031-533-3387
신고번호 2010.11.24. 제2010-000004호

편집·윤문 진성 윤주영
제작·교정 도명 정행태, 진운 여정하
영어번역 원광 Eryn Michael Reager
중어번역 천명 홍군표
인　쇄 가람문화사

도서출판문젠 - www.moonzenpress.com
정맥선원 - www.zenparadise.com
사막화방지국제연대(IUPD) - www.iupd.org

ⓒ 문재현, 2016. Printed in Seoul, Republic of Korea
값 15,000원
ISBN 978-89-6870-209-9 03220

차 례

서 문

이때 문수보살은 미소를 짓고
유마대사는 묵연한데
아 차 차…

(필을 놓다)

단기(檀紀) 4345년
불기(佛紀) 3039년
서기(西紀) 2012년

무등산인 대원 문재현
(無等山人 大圓 文載賢)

달마의 일할도 허락지 않는다

대원 문재현 선사님의 법문집

1

(법좌에 올라)

대원은 달마의 일할도 허락지 않는다.

(법좌에서 내리다.)

2

(법좌에 올라 말없이 보이고)

이 속에 이르러서는 삼세의 부처님과 역대 조사님들도 입
열 곳이 없거늘 할과 방망이와 불자를 드는 도리는 무엇인
고?
이 도리에 명백하면 천칠백 공안 아니라 백만 공안도리라
도 눈앞 물건 보듯 할 것이니 이 경지에 대해 한마디 일러보
라.
무어라 하겠는가?

(대중이 말이 없자)

(주장자를 세 번 치고 법좌에서 내리다.)

(법좌에 올라 말없이 보이고)

 내가 나라는 참나를 몰라 알고 싶은 마음이, 마치 목마른 자가 물 찾듯, 3일 굶은 사람이 밥 찾듯 간절해야 한다.
 이렇게 잊으려고 해도 잊혀지지 않는 경지가 되어 지어가 노라면, 어느 한순간 특별한 경계에 부딪쳐 홀연히 깨닫게 된다. 그리하여 눈 광명이 땅에 떨어질 때 자신의 의지에 의해 마지막 호흡을 거두게 되면, 염라대왕 사자들도 어찌하지 못할 것이니 무슨 까닭이겠는가?
 모두가 마하반야의 힘이니라.
 이 힘 앞에는 쓰나미가 아니라 대지진 용암이라도 연꽃으로 화할 것이니 무엇이 두려우랴.
 여기에는 남도 없고 멸함도 없으며, 산다느니 죽는다느니 하는 이름조차 있을 수 없다.
 오직 삼매의 유희이니 부처님 혜명을 잇는 일에 힘을 다하리라.

 (법좌에서 내리다.)

(법좌에 올라 하늘을 찢는 듯한 뇌성소리가 들리자)

대중은 저 뇌성의 진수를 일러볼지어다.

(대중이 말이 없자)

저 뇌성이 삼세 모든 부처님과 역대 조사님들이 다하지 못
한 법문까지 모두 다 들춰 보였거늘 듣지 못했단 말인가?
각자 처소에 돌아가 참구하여 뇌성의 진수를 한 수 일러오
도록 하라.

(법좌에서 내리다.)

5

(해제 법좌에 올라 주장자를 세웠다 가로로 든 다음 한 번 내리치고)

바다 밑의 진흙소는 달 머금고 깨어나고
바위 앞의 돌범은 아이 안고 졸고 있다
쇠뱀은 금강눈을 꿰뚫어 들어가고
곤륜산이 코끼리 타니 백로가 끌고 있다

이 네 글귀 안의 한 글귀마다 능히 살리고 능히 죽이며 능히 주고 능히 빼앗음이 있다 했다.
대중은 한마디 일러보라.
만약 바르게 이른다면 앞서 행한 주장자 도리를 수용(受用)했다고 허락하겠지만, 만약 바르게 이르지 못한다면 어찌 오늘로 해제할 수 있으리오. 각자 노력하라.

(법좌에서 내리다.)

6

(법좌에 올라 말없이 보이고)

이 활구법을 부처님은 세 곳에서 보이셨고, 덕산 선사는 방망이로, 임제 선사는 할로 보였는데, 대중은 알겠는가?

(잠잠히 있다가)

건너 산 기슭 잣나무가 춤을 춰 보이고, 부연 끝 풍경도 저리 간절하게 일러줌을 모른단 말인가?
이 허물이 어디에 있는고?

수많은 허물을 말하지만
모두가 경계를 쫓아서일세

개나리 노란 물결 장관이고
지는 벚꽃 우수수 눈발이여

모두가 활구법을 토하는
좋고 좋은 야단법석 이로세

(법좌에서 내리다.)

(법좌에 올라 말없이 보이고)

알겠는가?

(주장자를 들고)

이것은 영산회상의 꽃든 소식이고

(일어섰다 앉으며)

이것은 달마 대사가 동토에 오신 소식이며

(주장자를 내리치고)

이것은 임제 선사의 생매장 도리다.

알겠는가?

(잠잠히 있다가)

 소리나 쫓고, 말의 뜻에서 찾다가는 백 년이 지나가도 귀머거리, 봉사를 면하기 어려우리라.

 악!

(법좌에서 내리다.)

8

(법좌에 올라)

법당 문을 활짝 열어라.
앞산 저 푸르른 솔숲이 무엇을 보이고 있는가?
대중은 말해보라.

(대중이 말이 없자)

눈을 뜨고도 보지 못하는 당달봉사들이구나.
팔만대장경이 다 설하지 못한 법문까지 설해주었거늘 보지
도 듣지도 못하다니….
무정이야말로 참으로 허물없는 법문을 잘 설한다.
흙덩이나 쫓는 한나라 개가 되지 말고 금털 사자가 될지어
다.

(법좌에서 내리다.)

(법좌에 올라 말없이 보이고)

유마 거사의 묵연(默然)과 어떠한가?

(잠잠히 있다가)

　이 속에 이르러서는 삼세 모든 부처님과 역대 조사님들이라도 입을 열 곳이 없고, 문수와 보현이라도 손댈 곳이 없을 것이며, 무량한 삼매와 항하사 같은 묘용을 지니고 백천만 공안을 확철히 뚫은 이라 할지라도 역시 팔짱만 끼고 있을 뿐이리라.
　그러나 꼭 한마디 해달라고 청한다면 뭐라 해야 하겠는가?

(대중이 말이 없자)

돌사내는 구름 타고 북을 치며
옥처녀는 물 위에서 춤추는데

나무동자 어깨춤에 흥겹네

(법좌에서 내리다.)

10

(법좌에 올라 말없이 보이고)

백령 화상이 방 거사가 문으로 막 들어서자마자 거머잡고 "요즘 사람도 이르고, 옛 사람도 이른 것이 있는데, 거사는 어떻게 이르겠소?"라고 물으니, 방 거사가 백령 화상을 한 대 때렸다고 한다.
대원은 "때린 것도 좋으나 냄새가 난다." 하겠으니 여러분이라면 어찌하겠는가? 말해보라.

(대중이 말이 없자)

여러분 중에 누가 나와서 백령 화상이 방 거사에게 물은 말을 내게 묻는다면 답하리라.

더 이상 무엇을 이르라는 것인가?

(크게 웃으며 법좌에서 내리다.)

(법좌에 올라 주장자로 법상을 한 번 치고)

여기에서 비치고 씀을 한 때 함이 있어야 한다.
알겠는가?

(또 주장자로 법상을 한 번 치고)

여기에서는 일체 분별이 없는 함 없는 함이어야 한다. 알겠
는가?

(또 주장자로 법상을 한 번 치고)

이 향적세계는 모든 부처님들의 일상의 터전이니라. 법회대
중이여, 동참하였거든 소감을 말해보라.

(대중이 말이 없자)

흐를 길을 다한 물은 바다를 이루고
궁극을 다한 마음 유마의 묵연이라
여의주 장엄세계 백천의 향기로세

(법좌에서 내리다.)

(한 선승이 오자 문득 방망이로 때리고)

안으로 비추어 사무치면 미소로 대천을 녹일 것이나, 밖으로 쫓으면 육도윤회뿐이리라.
알겠는가?

(선승이 어리둥절해서 서 있자)

둔하기가 앞산 바위 같은 자로구만.

(선승을 밀쳐버리다.)

13

(법좌에 올라)

문수 보살이 유마 거사에게 물었다.
"보살은 이 국토의 중생들을 어떻게 봅니까?"
유마 거사가 말하였다.
"요술사가 요술로 만들어낸 꼭두각시같이 보고, 물에 비친
달그림자같이 보며, 거울에 비친 모습같이 보고, 한낮의 아지
랑이같이 보며, 부르는 소리의 메아리같이 보고, 하늘에 뜬
구름같이 보며, 물에 뜬 거품같이 보고, 번갯불같이 본다."
일 없는 대인들이라면 뭐라 하겠는가?

(대중이 말이 없자)

이 국토의 남[生]을 받은 몸과 삼라만상과 갖가지 빛이며
소리와 향기 모두가 장부의 전능으로 장엄해 누림이니라.

무등산 서석대는 병풍을 친 듯 하고

남해바다 섬들은 거북이 뜬 것 같네
집늙은이 전능으로 한 번 굴려 지음이라
만상과 모든 법들 황금에 빛 더함일세
동서의 산정 위에 일월등 밝혀 걸고
화장계 궁중노래 구멍 없는 피리 부니
비단옷의 나무처녀 나는 듯 춤을 추고
입 벌어진 돌사내 즐거움에 취해 있네

(법좌에서 내리다.)

14

(법좌에 올라 말없이 보이고)

 티끌만한 것도 설 수 없으며, 한 치 풀도 난 적 없는 이 속에서 걸림없이 오고 가서, 항하강의 모래 수로도 헤아릴 수 없는 묘한 씀을 자유자재한다 할지라도 이 문하에서는 방망이를 내릴 것이니 일러보라. 어째서인가?

 험!

(법좌에서 내리다.)

(법좌에 올라 말없이 보이고)

이렇거늘 이 무엇 하자는 자리인고?
부처와 유마라 할지라도 입 열 곳이 없으니, 팔만장경 속에서도 이에 알맞는 말을 찾지 못할 것이며, 역대조사 어록에서도 이와 비슷한 것을 찾을 수 없을 것이다.
털끝만한 이름이라도 붙였다 하면 십만팔천리이니라.
끝내 어찌하겠는가?

화약부처 불 속에 북을 치고
진흙유마 물 속에 춤을 추며
쇠보살 구름 타고 노래일세

(법좌에서 내리다.)

16

(법좌에 올라)

호수는 맑고 산정(山頂) 노을은 붉다.

이러-히 불법은 어느 것 하나 격외의 도리가 아닌 것이 없다. 그렇기에 불법은 가리거나 없앨 수 없고 또한 변하거나 무너질 수도 없어 항시 홀로 드러나 있느니라.
알겠는가?

담장 밑 저 국화꽃도 이르누나.

(주장자로 법상을 두 번 치고 법좌에서 내리다.)

17

(법좌에 올라 앉아 있을 즈음, 공양간의 음식 냄새가 법당 까지 풍겨오자)

이 냄새의 바닥이 어디인가?
한마디 일러보라.

(대중이 말이 없자)

몸담고 있는 화엄의 도량을 모른단 말인가.
그 동안의 밥값을 받아야겠구나.

(법좌에서 내리다.)

(법좌에 올라)

어떤 것이 불법인가?

산은 높다.

이러-히 불법을 일러 마쳤느니라.
알겠는가?
혹 그렇지 못하다면, 거듭 보이겠노라.
개는 던진 돌을 쫓거니와 사자는 돌 던진 사람을 문다고 했
다.

(주먹으로 하늘을 쳐보이고 법좌에서 내리다.)

19

(법좌에 올라)

　운거 굉각 선사가 "문 안에서 몸이 나오기는 쉬우나 몸 안의 문을 나오기는 어렵다 하나 움직인다 해도 천 길 속에 몸을 묻음이고, 움직이지 않는다 해도 당처의 싹 남이다. 한마디로 훤히 벗어나게 했다."라고 법문하셨으니, 대중들은 한마디 말로 벗어나는 도리를 일러보라.

(대중 가운데 누군가 할을 하자)

　그 한 할은 어디에 해당하는 할인가?

(다시 할을 하자)

　앞의 할과 지금의 할은 같은 도리에서 한 것인가, 다른 도리에서 한 것인가?

(대중이 말이 없자)

악!

이 할은 산 채로 묻어버린 할이요

악!

이 할은 산 채로 묻힌 자가 문을 열게 함이니라.
이처럼 분명하게 알고 쓰는 할이어야 하느니라.
알겠는가?

(법좌에서 내리다.)

(법좌에 올라)

제비는 줄 위에 한가하고
하늘은 그윽히 푸르도다

여기에는 가도 간 바 없으며, 여기에는 와도 온 바 없어서,
물속에 떠 있는 달과 같고, 있어도 있는 바 없으며, 없어도
없는 바 없어서, 꿈 가운데 천지만물 같다
알겠는가?
어진 말은 채찍 그림자만 보아도 천리를 달린다 했느니라.

풍경소리….

부처님과 조사님이 빛을 돌이킨 곳이라, 시방이 이러-히 눈
[目] 안의 일일지라도, 난간 끝에 딛고 선 발마저 떼어버려야
비로소 대장부라 할 수 있다.

(주장자로 법상을 한 번 치고 법좌에서 내리다.)

(법좌에 올라)

담장 위의 장미가 삼세 모든 부처님과 역대 조사님의 비밀을 누설하고 있는데, 이 자리 여러분은 듣고 있는가?
애석하도다!
어찌 담장 위의 장미만 그렇겠는가. 하나의 돌, 한 잎의 풀, 어느 것 하나 그렇지 않은 것이 없다.
다시 일러주는 이 한마디가 여러분의 청량제가 되기를 바라노라.

낮 앞의 코는 조금 높고, 등 뒤 벽은 곧게 서 있다.

여기에 시방이 함께 모인 도리가 있으니, 실답게 참구해 오기를 기다리겠다.

(법좌에서 내리다.)

(법좌에 올라)

어떤 것이 조사가 서에서 오신 뜻인가?

촛불 사이 향 연기가 실 같다.

여기에 믿음이 있으면, 이 후에는 부처와 조사의 혀끝에 놀아나지 않을 것이나, 만일 그렇지 못하다면 애석한 일이라 아니할 수가 없다.

자질해 날아가는 백학은 짝 부르고
백사장의 빈 배는 정적보다 고요하다
여기에서 문득 깨쳐 얻음마저 없으면
당초부터 공문(空門)에 있었음에 웃으리

알겠는가?

(잠잠히 있다가 대중이 말이 없자)

이런 까닭에 움직임 없는 부처님에게 허물이 생기고, 인연
없는 보살님들의 눈물이 바다를 이루느니라.

악!

(주장자로 법상을 두 번 치고 법좌에서 내리다.)

(법좌에 올라 신년 달력을 들어보이고)

이 달력이 무엇을 이르고 있는가?

(대중이 말이 없자)

세상 사람들은 묵은 해를 보내고 새해를 맞는다고 한다.
그러나 이 문중의 사람이라면 오되 옴이 없고 가되 감이 없
는 도리를 남김없이 보이고 있다 해야 할 것이다.

험!

(법좌에서 내리다.)

24

(법좌에 올라)

　모든 중생들이 상이라 한 것이 상 아닌 줄을 알면, 털끝 하나 까딱 않고 삼세 모든 부처님과 역대 조사님들과 천하 대덕들을 다 친견하여 마쳤다 하리라. 알겠는가?
　분별없이 보는 데에는 안팎이 없고, 안팎 없이 보는 데에는 가고 옴이 없으며, 가고 옴 없이 보는 데에는 생사가 없고, 생사 없이 보는 데에는 육도 고해와 정토 극락이 따로 없다.
　육도 고해와 정토 극락이 따로 없는 곳에 무슨 불법이 필요하랴.
　불법이 필요 없는 여기에는 무등산 색이 겁 밖의 봄빛이리니, 꽃을 즐겨 노래하고 춤추는 것이 어찌 대장부의 참 멋이 아니겠는가.

(법좌에서 내리다.)

(법좌에 올라 말없이 보이고)

앙산 선사가 동사 선사에게 갔더니 동사 선사가 물었다.
"그대는 어디 사람인가?"
"광남 사람입니다."
"광남에는 진해명주(鎭海明珠)라는 것이 있다는데 가지고
왔는가?"
"가지고 왔습니다."
"노승에게 보여주게."
앙산 선사가 차수하고 앞으로 가까이 가서 말하였다.
"제가 어제 위산에 갔더니 역시 이 구슬을 찾으시는데 대꾸
할 말이 없고 설명할 도리가 없었습니다."

이에 동사 선사는 극찬을 했는데, 내가 이 구슬을 보여달라
고 하면 대중들은 무어라 하겠는가?

(대중이 말이 없자)

험!

(법좌에서 내리다.)

(법좌에 올라 잠잠히 있다가)

임제 선사께서 법좌에 올라 불자를 세웠다고 한다. 이 무슨
도리인고?
아는 이는 일러보라.

(잠잠히 있다가)

참으로 허물없이 보이셨도다. 이러-히 앞과 뒤 할 것 없이
통째로 보이신 이 자비의 극치를 누가 알꼬….
알고 싶은가?

하늘은 푸르고 땅은 검다.

여기서 얻으면 곧 철관보살[1]이라 하리라.

(주장자로 법상을 두 번 치고 법좌에서 내리다.)

_____

1) 철관(徹觀)보살 : 관(觀)하여 사무친 이를 지칭한다.

27

(법좌에 올라
주장자를 들었다
가로 들어 보이고
법상을 내리치고)

이곳이 보장엄(寶莊嚴)국토니라.
이곳 백성들은 모두 한 연꽃 속에 들어가 걸림이 없고, 한 연꽃의 분들이 모든 연꽃에 들어가 자재한다.
이 불국토의 청정한 장엄을 보려는가?

구름 속에 번갯불 번쩍이고
처마 밑 하얀 거품 장관이며
고양이 방 안에서 기지갤세

(법좌에서 내리다.)

28

(법좌에 올라)

악!

이 가운데는 시방도 용광로 속 한 점의 눈이다.

이 법은 이러-히 실로 훤출해서 비밀이 없으니 벽 없는 골짜기에 색 없는 빛 구름[轉]이라, 삼세 부처님과 역대 조사님들이 누리는 복과 낙이다.

(미소를 지으며 법좌에서 내리다.)

29

(법좌에 올라 말없이 보이고
주장자를 가로 들었다
한 번 치고)

알았다 하더라도 한 방망이요, 모른다 하더라도 한 방망이
니, 어찌하겠는고?

(잠잠히 있다가)

한산은 동령에서 부르고
습득은 서령에서 답하는데
그 가운데 풍간은 춤이로세

(법좌에서 내리다.)

(법좌에 올라)

오늘은 요즈음 이 사람의 나날을 노래하는 시 한 수로 법문을 대신할 것이니 같이 취해보세나.

나의 나날

솔바람 소리에 몸 굴리고
유정 무정들과 더불어 쓸고 닦았더니
어느 날부터 무심한 거울의 세월이라
모르는 사이 귀밑머리 파뿌리로
봄[春] 술을 제끼고 제껴 거나한 나날
모두모두와 어우러져 부르는 노래
한 곡은 태평가요
한 곡은 할이로세
하. 하. 하.

(법좌에서 내리다.)

31

(법좌에 올라)

옛날에 다보사에서 이 사람이 법좌에 오르자 월포 스님이 나와서 이 사람에게 묻기를 "어떤 것이 큰 것입니까?"하고 물었다.
그때 이 사람이 말하기를 "어떤 것이 작은 것인가?"라고 답하였다.
월포 스님이 어리둥절한 표정으로 서있기에 이 사람이 할을 하였는데, 이 자리의 대중이라면 "어떤 것이 작은 것인가?"라고 물을 때 무엇이라 답하겠는가?

(대중이 말이 없자)

악!

(법좌에서 내리다.)

(법좌에 올라)

남산 단풍 붉고, 북산 첫눈 희다.

알겠는가?
입을 열기 전에 일 마친 자라면 최상승이라 할 것이며, 말을 마치자 깨친 자라면 대승이라 할 것이며, 오래오래 참구하여 점차 깨친 자라면 중승이라 할 것이다.
그러나 이러-히 지어가면 구경에 무슨 차등이 있겠는가. 끝으로 일러두노라.

불법 근본 대의를 누가 묻는다면, 즉시 금빛 목불을 가리키리라.

(주장자로 법상을 두 번 치고 법좌에서 내리다.)

(법좌에 올라 말없이 보이고)

어떤 것이 초월해서는 초월했다 함마저도 없는 도리인고?

(잠잠히 있다가)

이 문중에서는 조사관을 꿰뚫어 마쳐야 한다.

(법상을 두 번 치고)

험!

(법좌에서 내리다.)

(법좌에 올라)

번갯불은 하늘에 붉고
처마 밑 물거품 장관일세.

 옛 부처도 이러-히 일 마쳤고, 오늘날의 부처도 이러-히 일
마쳤다.
 불법은 경계를 취하면 만 겁이 지나도 알 수 없다.

(주장자로 법상을 세 번 치고 법좌에서 내리다.)

35

(법좌에 올라 말없이 보이고)

이것이 마하반야의 실체며
묘한 깨달음의 광명이라
임제회상 보화의 행실이며
혼자 짓는 한산의 웃음일세

하.
하.
하.

(법좌에서 내리다.)

36

(법좌에 올라)

이 뭐꼬?

'이 뭐꼬?'가 사방을 먹고, 눈·귀를 먹고, 마음까지 먹어버린 때를 당하여 누가 묻는다면 홀연히 깨고 나온 닭 우나 벗은 껍질은 애당초 없다 할 것이다.

이러할 때 비로소 대장부라 할 수 있으니, 이처럼 어느 공안이 되었든 참구하는 그 공안에 철두철미하게 몰입하지 않고는 깨닫기를 기약하기가 참으로 어려운 일이다.

(주장자를 들어보이고)

방금 들어보인 주장자가 운문 선사의 마른 똥막대기와 같은가, 다른가?

(주장자로 법상을 한 번 치고)

이 한 소리가 일만 공안을 남김없이 설파하여 마쳤으니, 대
중은 알겠는가? 후일을 기다리겠노라.

(법좌에서 내리다.)

37

(법좌에 올라)

　조산 선사께서 덕 상좌에게 "보살이 선정에서 코끼리가 강을 건너는 소리를 듣는다 하는데 어떤 경에서 나온 말인가?"라고 물으셨다.
　대중은 답해보라.

(대중이 말이 없자)

만약 어떤 이가 내게 위의 질문을 한다면 이르리라.

이 경이다.

"이 경이 어떤 경입니까?" 하고 다시 묻는다면 이르리라.

말뚝이다.

(법좌에서 내리다.)

(법좌에 올라 말없이 보이고)

삼천대천세계를 흔적조차 없게 했으나 그 속의 모든 유정, 무정들은 그러함을 꿈에도 알지 못하는구나.

(주장자로 법상을 한 번 치고)

삼천대천세계를 원상회복시켜 제자리에 있게 했으나 역시 그 안의 유정, 무정들은 그리 됨을 꿈에도 알지 못하니 이 무슨 도리인고?

(대중이 말이 없자)

화약보살 불 속에서 친 북이고
옥제석(玉帝釋) 구름 타고 춘 춤이며
진흙나한 물 속의 신통일세

(법좌에서 내리다.)

(법좌에 올라 주장자로 일원상을 그리고)

 옛 선사님들께서 '들었다 하여도 칠 것이요, 들지 않았다 하여도 칠 것이다.'라고 하셨으니, 속히 일러보라.
 바르게 이른 이는 남북이 없는 궁전에서 이러-히 천하의 모든 일을 밝게 행하리니, 이는 또 나온 것이라 하겠는가, 나오지 않은 것이라 하겠는가?

 (주장자로 법상을 한 번 치고 법좌에서 내리다.)

(법좌에 올라 말없이 보이고)

부연 끝 풍경이 법좌에서 내리라고 하는구나.

부연 끝 풍경소리 가없음에 가득하고
가없는 몸 이러-히 풍경소리 봄이여
고요한 이 즐거움 무엇에 비기랴

(크게 웃으며 법좌에서 내리다.)

(법좌에 올라)

이 문중에서 한결같이 마음이 경계에 물들어 중생이 되어 나고 죽음이 끝이 없다고들 하니, 오늘 이 사람이 관음의 감로수에다 임제의 방망이로 세탁을 하고자 하노라.

(주장자로 법상을 한 번 치고 묵묵히 언행을 초월하여 보이고)

휘날리는 벚꽃은 눈발이고, 좌구 위의 죽비는 고요하다.

오늘 이렇게 세탁을 하였으니, 자! 그 깨끗함을 이를지어다.

(잠잠히 있다가)

제 콧등만 보고 있는 봉사가 하도 많으니 불보살님들의 통곡이 누리에 가득하구나.

(주장자로 법상을 세 번 치고 법좌에서 내리다.)

42

(법좌에 올라)

양주 고정 간 선사가 강을 사이에 두고 덕산 선사를 뵙고 합장하여 인사를 하였다.
덕산 선사가 손에 든 부채로 고정 간 선사를 부르는 시늉을 하자 고정 간 선사가 홀연히 깨닫고 옆걸음으로 물러가서 다시는 돌아보지 않았다고 한다.
여러분들은 오늘 이 자리에서 무엇을 보고 무엇을 깨달았는가? 말해보라.

(대중이 말이 없자)

경계를 쫓는 자는 점점 멀어지고, 경계로 인하여 자신을 본 이는 가섭의 웃음을 지으리라.

(법좌에서 내리다.)

43

(법좌에 올라 주장자를 세워 잡고 잠잠히 있다가)

집안 살림살이를 모두 들추어 보였는데 이에 같이하는 이
가 대중 가운데 있는가?
있거든 동참한 경지를 말해보라.

(대중이 말이 없자)

한 티끌 속에 대천이 들어가 옹색함이 없고 대천을 한 티끌
이 채워 부족함이 없어, 이 한 생각이 삼세이고 삼세가 한
생각인 이러한 경지로부터 장엄하지 않음이 없다.
부처님이 세 곳에서 전해 보인 삼매가 오직 이것이니라.

(법좌에서 내리다.)

44

(법좌에 올라)

이 자리에 모인 대덕들이여, 본연의 이 몸은 이러-히 안팎이 없어서 유형과 무형의 크고 작은 것이 모두 이 몸 가운데 측량할 수 없는 능력의 소산이다. 이 몸은 누구에게 있어 더하고 덜한 것이 아니다.

대덕들이여, 본연님들의 이 몸은 이러-히 유상(有常)도 무상(無常)도 아니다. 과거와 현재와 미래란 이름일 뿐이니, 여기에 어찌 오는 상이 있을 것이며, 여기에 어찌 가는 상이 있겠는가.

대덕들이여, 혹 여기에 분명하지 못하다면 이 주먹이 이르는 바를 잘 보라.

(주먹을 쥐어 대중에게 보이고, 손뼉을 치고)

빛을 쫓고 소리를 쫓는 어리석음을 범하지 않아서, 이러-히 이대로가 법왕궁의 즐거움이 되기를 바란다.

끝으로, 말하고자 하나 말하지 못하고 보이고자 하나 보이지 못한 것은, 이 박수 소리에 모두 맡기노라.

(박수를 한 번 치고 법좌에서 내리다.)

(법좌에 올라)

하루는, 이 사람에게 어떤 선승이 찾아와서 "암두 말후구 도리를 일러주십시오." 하기에 "말후구…. 그런 말도 있던가?" 하고 크게 세 번 웃은 적이 있다.
대중은 이 도리에 대해 한마디 평해보라.

(대중이 말이 없자 법좌에서 내려 방으로 돌아가다.)

46

(법좌에 올라)

운암 선사가 열반한 뒤 제자인 동산 선사가 운암 선사 제사를 지내는데 한 선승이 와서 "옛날 운암 선사께서 '백 년 후 누가 스님의 참 면목을 물으면 무어라 해야겠습니까?' 하자 한참 앉아 있다가 '다만 이뿐이니라.' 하신 뜻이 무엇입니까? 운암 화상께서 알고 하신 말씀입니까?"라고 물었다.

이에 동산 선사가 "만약 몰랐다면 어찌 그렇게 말씀하셨겠는가?" 한 뒤 잠잠히 있다가 "만약 알았다면 어찌 그렇게 말씀하셨겠는가?"라고 했다.

이 두 마디에 동산 선사의 살림살이가 모두 드러났으니, 대중은 동산 선사의 살림살이를 이르라 하면 무어라 하겠는가?

(대중이 말이 없자)

'만약 몰랐다면 어찌 그렇게 말씀하셨겠는가' 함이여, 이는 마치 백 년 묵은 여우가 흔적 없이 다녀가려 했으나 그 냄새를 남긴 것과 같고, '만약 알았다면 어찌 그렇게 말씀하셨겠는가' 함이여, 백 년 묵은 여우가 냄새마저 없이 왕래를 자재함이랄까.

(크게 웃으며 법좌에서 내리다.)

(법좌에 올라)

　운문 선사께서 말씀하시기를 "불꽃이 삼세의 모든 부처님
께 설법을 하고, 삼세의 모든 부처님들이 서서 듣느니라."라
고 하셨다.
　대중은 삼세의 모든 부처님들이 선 자리를 일러보라.

(대중이 말이 없자)

　험!

(법좌에서 내리다.)

(법좌에 올라)

이 자리에 모인 여러 대덕들이여, 불법은 본래 이러-해서 시간과 공간을 말하지 않는다. 생과 사도 말하지 않는다. 거짓과 진실도 말하지 않는다.

여러 대덕들이여!

이런 까닭에, 선이란 닦는 것이 아니다. 선이란 얻는 것도 아니다. 선이란 이루는 것도 아니다. 선이란 이러-히 본연한 것이다.

여러 대덕들이시여!

혹 그렇지 못하다면 저 창문이 이르고 있는 바를 잘 보라. 빛을 쫓는 어리석음만 범하지 않는다면 말이 떨어지자마자 깨치리니, 어찌 닦아서 얻는 것이라 할 것이며, 잃어버리고서 찾는 것이라 하겠는가.

낙엽은 구르다 뜰에 멎고, 태양은 머리 위에 밝다.

(죽비를 한 번 치고 법좌에서 내리다.)

(법좌에 올라)

법당 뒷산에서 꾀꼬리가
나 먼저 일러 마치는구나.

(법좌에서 내리다.)

(법좌에 올라 말없이 보이고)

 가없이 이러-히 비고 고요해서, 움직임이 없는 두렷이 밝은
빛 굴림이, 곧 가없이 두렷한 거울지혜[大圓鏡智]니라.
 이 경지에 이르른 이는 실증의 체험을 나와서 말해보라.

(대중이 말이 없자)

 명왕은 어상을 내리지 않고
 이러-히 일상을 잘 영위하며
 매사에 모자람 없이 응하나
 항상 이러-하니라

(법좌에서 내리다.)

21세기에
인류가 해야 할 일

21세기에 인류가 해야 할 일

이 사람은 1962년 26세 때부터 21세기에 인류에게 닥칠 공해 문제, 에너지문제를 예견하고 대체에너지(무한원동기, 태양력, 파력, 풍력 등) 개발과 '울 안의 농법'을 연구하고 그 필요성을 많은 이들에게 이야기해 왔습니다.

당시에는 너무 시대를 앞서가는 이야기여서인지 일반인들이 수용하지 못하고 오히려 불신의 눈으로 바라보며 이 사람의 법마저 의심하였습니다. 하지만 현대에 있어서는 이것이 인류가 해결해야 할 가장 절박한 사안이 되어 있습니다.

'사막화방지국제연대(IUPD)'[2]를 설립한 것도 현재 인류가 해결해야 할 가장 절박한 지구환경문제를 이슈화시키고 그 해결책을 제시하여 재앙에 직면한 지구촌을 살리기 위해서입니다.

'사막화방지국제연대'에서 추진하고 있는 사막화 방지, 지구 초원화, 대체에너지 개발은 온 인류가 발 벗고 나서서 해야 할

---

2) International Union to Prevent Desertification (IUPD).

일입니다.

첫 번째 사막화 방지에 있어서 기존에 해왔던 '나무심기 사업'은 천문학적인 예산과 많은 인력을 동원하고도 극도로 황폐한 사막화된 환경을 되살리는 데 실패하였습니다.

그래서 이 사람은 사막화 방지에 있어서는 '사막 해수로 사업'을 새로운 방안으로 제시하였습니다.

사막 해수로 사업은 사막화된 지역에 수도관을 매설하여 바닷물을 끌어들여서 염분에 강한 식물을 중심으로 자연생태계를 복원하는 사업입니다.

이것은 나무심기 사업으로 심은 나무들이 절대적으로 물이 부족하여 생존할 수 없었던 문제를 해결할 수 있는, 현재로서는 유일한 해결책입니다.

그러나 '사막화방지국제연대'의 목적은 사막이 확장되는 것을 방지하자는 것이지 사막 전체를 완전히 없애자는 것은 아닙니다. 인체에서 심장이 모든 피를 전신의 구석구석까지 골고루 보내어 살아서 활동하게 하듯이 사막은 오히려 지구의 심장 역할을 하는 중요한 곳이기 때문입니다.

그래서 21세기에 있어서는 다만 사막의 확장을 방지할 뿐 아니라 사막을 어떻게 운용하느냐를 연구해야 합니다.

사막에 바둑판처럼 사방이 막힌 플륨관 수로를 설치하여 동, 서, 남, 북 어느 방향의 수로를 얼마만큼 채우느냐 비우느냐에 따라, 사막으로부터 사방 어느 방향으로든 거리까지 조절하여,

원하는 지역에 비를 내리게 하고 그치게 할 수 있습니다. 철저히 과학적인 데이터에 의해 이렇게 사막을 운용함으로써 21세기의 지구를 풍요로운 낙원시대로 만들어가야 합니다.

두 번째로 지구를 초원화할 수 있는 방안으로서 3년간의 실험을 통해, 광활한 황무지 지역을 큰 비용을 들이거나 많은 인력을 동원하지 않고도 짧은 시간 내에 초지로 바꿀 수 있는 식물을 찾아냈습니다.

그것은 바로 '돌나물'입니다. 돌나물은 따로 종자를 심을 필요가 없이 헬리콥터나 비행기로 살포해도 생존, 번식할 수 있으며, 추위와 더위, 황폐한 땅에서도 살아남을 수 있는 생명력과 번식력이 강한 식물입니다.

지구환경을 되살리는 초지조성 사업에 있어서 이것이 큰 도움이 되리라 생각합니다.

세 번째의 대체에너지 개발에 있어서는 태양력, 파력, 풍력 등 1962년도부터 이 사람이 연구하고 얘기해왔던 방법들이 이미 많이 개발되어 실용화한 단계에 있습니다.

이 세 가지 일은 한 개인이나 한 국가가 할 수 있는 일이 아닙니다. 모든 국가가 앞장서서 전세계적인 사업으로 이루어져야 합니다. 모든 국가가 함께 한 기금조성이 이루어져야 하고 기금조성에 참여한 국가는 이 시스템에 의한 전면적인 혜택을 입을 수 있도록 해야 합니다.

인류 모두가 지혜를 모아 이 일에 전력을 다한다면 인류는 유사 이래 가장 좋은 시절을 맞이하게 될 것이며, 만약 이 일을 남의 일인 양 외면한다면 극한의 재앙을 면할 수 없을 것입니다.

이 사람이 오래 전부터 얘기해왔던 '울 안의 농법'은 이미 미국 라스베이거스(Las Vegas)에서 30층짜리 '고층 빌딩 농장'으로 구현되었습니다. 그렇게 크게도 운영될 수 있지만 각자 자신의 집에서 이루어지는 '울 안의 농법'도 필요합니다.

21세기에 있어서 또 하나 인류가 만일의 사태를 대비해서 연구, 추진해야 될 일이 있다면 바닷속에서의 수중생활, 수중경작입니다.

지구가 심하게 온난화될 경우, 공기가 너무 많이 오염될 경우, 바닷물이 높아져 살 땅이 좁아질 경우 등에 대비할 때, 인류는 우주에서의 삶보다는 바닷속에서의 삶을 준비해야 합니다. 왜냐하면 그것이 훨씬 수월하고 비용도 절감할 수 있기 때문입니다.

이렇게 깨달은 이는 이변적으로는 깨달음을 얻게 하여 영생불멸의 삶을 영위할 수 있도록 만인을 이끌어야 하며 사변적으로는 일반인이 예측할 수 없는 백 년, 천 년 앞을 내다보아 이를 미리 앞서 대비하도록 만인의 삶을 이끌어줘야 한다고 생각합니다.

불법의 뜻은 다만 진리 전수에만 있는 것이 아니니, 만인이 서로 함께 영원한 극락을 누릴 때까지 물심양면으로, 이사일여로 베풀어 교화해야 하기 때문입니다.

대원 문재현
전법선사님 인가 내력

대원 문재현 전법선사님 인가 내력

제 1 오도송

이 몸을 끄는 놈 이 무슨 물건인가?
골똘히 생각한 지 서너 해 되던 때에
쉬이하고 불어온 솔바람 한 소리에
홀연히 대장부의 큰 일을 마치었네

무엇이 하늘이고 무엇이 땅이런가
이 몸이 청정하여 이러-히 가없어라
안팎 중간 없는 데서 이러-히 응하니
취하고 버림이란 애당초 없다네

하루 온종일 시간이 다하도록
헤아리고 분별한 그 모든 생각들이

옛 부처 나기 전의 오묘한 소식임을
듣고서 의심 않고 믿을 이 누구인가!

此身運轉是何物
疑端汨沒三夏來
松頭吹風其一聲
忽然大事一時了

何謂靑天何謂地
當體淸淨無邊外
無內外中應如是
小分取捨全然無

一日於十有二時
悉皆思量之分別
古佛未生前消息
聞者卽信不疑誰

대원 문재현 선사님의 스승이신 불조정맥 제77조 조계종(曹溪宗) 전강(田岡) 대선사님께서 1962년 대구 동화사의 조실로 계실 당시 대원 문재현 선사님께서도 동화사에 함께 머무르고 계셨다.

하루는, 전강 대선사님께서 대원 선사님의 3연으로 되어 있는 제1오도송을 들어 깨달은 바는 분명하나 대개 오도송은 짧게 짓는다고 말씀하셨다. 이에 대원 선사님께서는 제1오도송을 읊은 뒤, 도솔암을 떠나 김제들을 지나다가 석양의 해와 달을 보고 문득 읊었던 제2오도송을 일러드렸다.

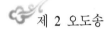 제 2 오도송

해는 서산 달은 동산 덩실하게 얹혀 있고
김제의 평야에는 가을빛이 가득하네
대천이란 이름자도 서지를 못하는데
석양의 마을길엔 사람들 오고 가네

日月兩嶺載同模
金提平野滿秋色
不立大千之名字
夕陽道路人去來

제2오도송을 들으신 전강 대선사님께서는 이에 그치지 않고 그와 같은 경지를 담은 게송을 이 자리에서 즉시 한 수 지어볼 수 있겠냐고 하셨다. 대원 선사님께서는 곧바로 다음과 같이 읊으셨다.

　바위 위에는 솔바람이 있고
　산 아래에는 황조가 날도다
　대천도 흔적조차 없는데
　달밤에 원숭이가 어지러이 우는구나

　岩上在松風
　山下飛黃鳥
　大千無痕迹
　月夜亂猿啼

　전강 대선사님께서는 위 송의 앞의 두 구를 들으실 때만 해도 지그시 눈을 감고 계시다가 뒤의 두 구를 마저 채우자 문득 눈을 뜨고 기뻐하는 빛이 역력하셨다.
　그러나 전강 대선사님께서는 여기에서도 그치지 않고 다시 한 번 물으셨다.
　"대중들이 자네를 산으로 불러내고 그 중에 법성(향곡 스님 법제자인 진제 스님. 나중에 법원으로 개명)이 달마불식(達磨不識) 도리를 일러보라 했을 때 '드러났다'고 답했다는데, 만약에 자네가 당시의 양무제였다면 '모르오'라고 이르고 있는 달마 대사에게 어떻게 했겠는가?"

대원 선사님께서 답하셨다.

"제가 양무제였다면 '성인이라 함도 서지 못하나 이러-히 짐의 덕화와 함께 어우러짐이 더욱 좋지 않겠습니까?' 하며 달마 대사의 손을 잡아 일으켰을 것입니다."

전강 대선사님께서 탄복하며 말씀하셨다.

"어느새 그 경지에 이르렀는가?"

"이르렀다곤들 어찌 하며, 갖추었다곤들 어찌 하며, 본래라곤들 어찌 하리까? 오직 이러-할 뿐인데 말입니다."

대원 선사님께서 연이어 말씀하시자 전강 대선사님께서 이에 환희하시니 두 분이 어우러진 자리가 백아가 종자기를 만난 듯, 고수명창 어울리듯 화기애애하셨다.

달마불식 공안에 대한 위의 문답은 내력이 있는 것이다. 전강 대선사님께서 대원 선사님을 부르기 며칠 전에, 저녁 입선 시간 중에 노장님 몇 분만이 자리에 앉아있을 뿐 자리가 텅텅 비어있었다고 한다.

대원 선사님께서 이상히 여기고 있던 중, 밖에서 한 젊은 수좌가 대원 선사님을 불렀다. 그 수좌의 말이 스님들이 모두 윗산에 모여 기다리고 있으니 가자고 하기에 무슨 일인가 하고 따라가셨다.

그러자 그 자리에 있던 법성 스님이 보자마자 달마불식 법문을 들고 이르라고 하기에 지체없이 답하셨다.

"드러났다."

곁에 계시던 송암 스님께서 또 안수정등 법문을 들고 물으셨다.

"여기서 어떻게 살아나겠소?"

대뜸 큰소리로 이르셨다.

"안·수·정·등."

이에 좌우에 모인 스님들이 함구무언(緘口無言)인지라 대원 선사님께서는 먼저 그 자리를 떠나 내려와 버리셨다.

그 다음날 입승인 명허 스님께서 아침 공양이 끝난 자리에서 지난 밤 입선시간 중에 무단으로 자리를 비운 까닭을 묻는 대중공사를 붙여 산중에서 있었던 일들이 낱낱이 드러나고 말았다. 그리하여 입선시간 중에 자리를 비운 스님들은 가사 장삼을 수하고 조실인 전강 대선사님께 참회의 절을 했던 일이 있었다.

전강 대선사님께서는 이때에 대원 선사님께서 달마불식 도리에 대해 일렀던 경지를 점검하셨던 것이다.

이런 철저한 검증의 자리가 있었던 다음 날, 전강 대선사님께서 부르시기에 대원 선사님께서 가보니 주지인 월산(月山) 스님께서 모든 것이 약조된 데에서 입회해 계셨으며 전강 대선사님께서는 곧바로 다음과 같이 전법게(傳法偈)를 전해주셨다.

 전 법 게

부처와 조사도 일찍이 전한 것이 아니거늘
나 또한 어찌 받았다 하며 준다 할 것인가
이 법이 2천년대에 이르러서
널리 천하 사람을 제도하리라

佛祖未曾傳
我亦何受授
此法二千年
廣度天下人

덧붙여 이 일은 월산 스님이 증인이며 2000년까지 세 사람 모두 절대 다른 사람이 알게 하거나 눈에 띄게 하지 않아야 한다고 당부하셨다.

만약 그러지 않을 시에는 대원 선사님께서 법을 펴나가는 데 장애가 있을 것이라고 예언하셨다. 또한 각별히 신변을 조심하라 하시고 월산 스님에게 명령해 대원 선사님을 동화사의 포교당인 보현사에 내려가 교화에 힘쓰게 하셨다.

대원 선사님께서 보현사로 떠나는 날, 전강 대선사님께서는 미리 적어두셨던 부송(付頌)을 주셨으니 다음과 같다.

 부 송

어상을 내리지 않고 이러-히 대한다 함이여
뒷날 돌아이가 구멍 없는 피리를 불리니
이로부터 불법이 천하에 가득하리라

不下御床對如是
後日石兒吹無孔
自此佛法滿天下

위의 송의 '어상을 내리지 않고 이러-히 대한다 함이여'라는
첫째 줄 역시 내력이 있는 구절이다.

전에 대원 선사님께서 전강 대선사님을 군산 은적사에서 모시
고 계실 당시 마당에서 홀연히 마주쳤을 때 다음과 같은 문답
이 있었다.

전강 대선사님께서 물으셨다.

"공적(空寂)의 영지(靈知)를 이르게."

대원 선사님께서 대답하셨다.

"이러-히 스님과 대담(對談)합니다."

"영지의 공적을 이르게."

"스님과의 대담에 이러-합니다."

"어떤 것이 이러-히 대담하는 경지인가?"

"명왕(明王)은 어상(御床)을 내리지 않고 천하 일에 밝습니다."

위와 같은 문답 중에 대원 선사님께서 답하신 경지를 부송의

첫째 줄에 담으신 것이다.

전강 대선사님께서 대원 선사님을 인가(印可)하신 과정을 볼 때 한 번, 두 번, 세 번을 확인하여 철저히 점검하신 명안종사의 안목에 탄복하지 않을 수 없으며 이에 끝까지 1초의 머뭇거림도 없이 명철하셨던 대원 선사님께 찬탄하지 않을 수 없다.
그리하여 법열로 어우러진 두 분의 자리가 재현된 듯 함께 환희용약하지 않을 수 없다.

이제 전강 대선사님과 약속한 2천년대를 맞이하였으므로 여기에 전법게를 밝힌다.
이로써 경허, 만공, 전강 대선사님으로 내려온 근대 대선지식의 정법의 횃불이 이 시대에 이어져 전강 대선사님의 예언대로 불법이 천하에 가득할 것이다.

Baroboin Buddhism ㊲

Not Even Bodhidharma's One Shout

Written by Zen Master DaeWon Moon JaeHyeon

Moonzen Press is affiliated with Jeongmaek Zen Center.

Baroboin Buddhism 🌑

Not Even Bodhidharma's One Shout

Published (1st edition) on May 20th BE 3043, AD 2016

Written by Zen Master DaeWon Moon JaeHyeon
Published by Moonzen Press

Edited by JinSeong Yun JuYoung
Produced by DoMyeong Jeong HaengTae, JinWoon Yeo JeongHa
English translated by WonGwang Eryn Michael Reager
Chinese translated by CheonMyeong Hong JunBiao
Printed by Garam Co.

Moonzen Press – www.moonzenpress.com
Jeongmaek Zen Center – www.zenparadise.com
International Union to Prevent Desertification(IUPD) – www.iupd.org

Contents

Preface

Manjusri Bodhisattva smiles,
Vimalakīrti remains silent.
Oh, my mistake···.

(Puts pen down)

B.E. 3039
A.D. 2012

DaeWon Moon JaeHyeon

Not Even Bodhidharma's One Shout

Dharma lectures of Zen Master DaeWon

1

(The master ascends the rostrum)

Even Bodhidharma's one shout is not acceptable.

(The master descends the rostrum)

2

(The master ascends the rostrum and sits, displaying the sublime teaching silently)

In this state, even all of the Buddhas and Patriarchs have nothing to say, what is the hidden meaning behind the shout, a strike or holding up a staff?

If this is clear to you, then not only the 1700 *kong-ans*[1], but also even a million *kong-ans* will be as clear as a thing right in front of your eyes. Somebody, say something about this state!

What can you say?

(No one in the assembly responds)

(The master strikes the staff against the rostrum three times and descends)

---

1) 1700 *kong-ans* : The number of *kong-ans* that have been passed down through the commentaries of the Patriarchs.

3

(The master ascends the rostrum and sits, displaying the sublime teaching silently)

The student who wants to know the Mind, the thing that calls itself "I", must be desperate to find it. It should be similar to how a person dying of thirst searches for water, how someone starving longs for food.

You must reach the point where you cannot forget about this question even if you try to. If this state continues, one instant when you suddenly see or hear something, this question will break open.

Now after all of this, even on your last breath, not even the King of Death will be able to touch you. Why is this?

This is the power of the Maha Prajna, the Great Wisdom.

With this wisdom, even in the face of a tsunami, an earthquake, or a volcanic eruption, there is nothing to fear. The world transforms into a lotus blossom, a state of bliss.

Here, there is neither becoming nor extinction; neither birth nor death, there are not even words for such things.

Here, there is only the pleasure of Samadhi, so I will devote all of my energy trying to pass down the Wisdom of the Buddha.

(The master descends the rostrum)

4

(The master ascends the rostrum and the sound of thunder splits open the sky)

Can anyone speak to the essence of this sound?

(No one in the assembly responds)

Do you know that the sound of thunder has shown us the sublime teaching that even the Buddhas and Patriarchs couldn't teach us?

Each of you should return to your room, and contemplate the essence of the sound.

(The master descends the rostrum)

5

(On the last day of the retreat, the master ascends the rostrum, holds up the staff, turns it sideways and then strikes the rostrum once)

On the bottom of the ocean, a mud cow swallows the moon and wakes up;
In front of the rocky cliff, a stone tiger holds a baby while taking a nap.
An iron snake penetrates into the diamond eye;
Kunlun mountain rides upon the elephant which is being pulled by a white heron.

Each phrase in these four lines has the ability to kill and to resurrect; to give and to take.
Assembly! Give me one word.
If you can tell me, then you have enlightened to the principle that I displayed while holding out the staff.

But if you cannot, then the retreat is still not complete.
So continue your effort.

(The master descends the rostrum)

6

(The master ascends the rostrum and sits, displaying the sublime teaching silently)

Sakyamuni Buddha revealed the Supreme Dharma in three places. Zen Master Deshan taught it through his staff and Zen Master Linji expressed it through his shout. Assembly! Do you understand it?

(The master sits in silence)

On the distant hill, the pine tree dancing in the wind teaches it. The ringing wind chimes teach it also. Nevertheless, you still don't realize.
What is the problem here? Why don't you know?

It's all because
You chase after appearances.

The spectacle of the waves of forsythias;
The cherry blossoms are like flakes of snow.

Buddha's teaching is being displayed so directly,
How marvelous it is!

(The master descends the rostrum)

(The master ascends the rostrum and sits, displaying the sublime teaching silently)

Do you understand?

(The master holds up his staff)

This is the meaning of Buddha's holding up the flower.

(The master stands up and sits down)

This is the meaning of Bodhidharma's coming to the East.

(The master strikes the staff against the rostrum)

This is what Zen Master Linji meant when he spoke of burying people alive.[2]

Do you understand?

(The master sits in silence)

If you only chase after sounds or look for meaning in words, then even after a hundred years you will never know – you are not much different than the blind and deaf.

Hak!

(The master descends the rostrum)

---

2) One day, while working in the fields, Zen Master Linji saw Zen Master Huangbo walking up to him. Master Linji stood up carrying a hoe, and Master Huangbo asked him, "Are you tired?" Master Linji replied, "I haven't even picked up a hoe, why would I be tired?" At this, Master Huangbo went to strike Master Linji with his staff, but Master Linji grabbed the staff firmly and pushed Master Huangbo over. Master Huangbo called out to the senior disciple to help him get up. The disciple asked Master Huangbo as he was helping him up, "How can you allow this crazy and rude behavior?" Master Huangbo got up and then suddenly hit his disciple. At this, Master Linji muttered digging in the ground, "At all other temples they cremate bodies, but here I bury them alive."

8

(The master ascends the rostrum)

Open up the sermon hall doors.

See that mountain? What are those beautiful green pine trees showing you right now?

Assembly! Say something.

(No one in the assembly responds)

Even with your eyes open, you cannot see a thing as if you were blind.

Those trees have already revealed the Dharma that even the 84,000 sutras cannot express. But you can't see it, you can't hear it···.

Indeed, nature presents the Dharma flawlessly.

Don't be the dog that chases after a stick, you must be like a golden fleeced lion![3]

(The master descends the rostrum)

---

3) If you throw a stick at a dog, the dog will chase after the stick. But if
   you throw something at a lion, the lion will attack you. In the case of
   the dog, it is like focusing on the finger pointing at the moon, not on
   the moon.

9

(The master ascends the rostrum and sits, displaying the sublime teaching silently)

Is my silence the same as the Vimalakīrti's silence, or is it different?

(The master sits in silence)

Here, all the Buddhas of the past, present and future, as well as all the Patriarchs have no place to even open their mouths. There is not a thing for Manjusri and Samantabhadra Bodhisattva to correct. Even if you have perfect Samadhi, countless miraculous powers and the ability to penetrate through all the *kong-ans*, you cannot help but hold your tongue.

But, despite all this, if someone earnestly asks for just one word, what would you do?

(No one in the assembly responds)

The stone man rides the cloud, playing a drum,
And the jade woman dances on top of the sea;
The wooden child waves his arms jubilantly.

(The master descends the rostrum)

10

(The master ascends the rostrum and sits, displaying the sublime teaching silently)

Zen Master Bailing suddenly entered lay practitioner Pang's room, grabbed him by the collar and asked, "Nowadays people respond, in the past people responded. Pang, how are you going to respond?" Lay practitioner Pang then hit Master Bailing.
Hitting Master Bailing is not a bad response, but there is still something missing. Assembly, what would you do?

(No one in the assembly responds)

If one of you comes out and asks me like that, I would reply,

What more can I say?

(The master laughs and then descends the rostrum)

11

(The master ascends the rostrum and strikes his staff against the rostrum once)

Here, you must simultaneously reflect while function-ing.
Do you understand?

(Strikes his staff)

Here, you must do without any thought of doing.
Do you understand?

(Strikes his staff)

This fragrant world of enlightenment is the place where all the Buddhas reside.
Assembly, if there is anyone who lives here, tell me

about it.

(The assembly is quiet)

When there is no other place for the water to go, it has reached the ocean;
When the mind has reached the utmost, there is only Vimalakīrti's silence;
The ten thousand fragrances fill the Paradise of our Mind.

(The master descends the rostrum)

12

(A zen monk approaches and the master strikes him once with his staff)

If you illuminate inwards, the whole universe will melt. But if you search outwardly there is only samsara. Do you understand?

(The monk stands there confused, silent)

You are as dense as that rock on the mountain.

(The master pushes the monk away)

13

(The master ascends the rostrum)

Manjusri Bodhisattva asked the lay practitioner Vimalakīrti.

"What do you think of all the sentient beings in this world?"

Vimalakīrti replied, "Like an apparition created by magic, the moon in the water, a reflection in the mirror, a mirage, an echo, a cloud in the sky, a bubble in the water and flash of lightning. That is how I see all the sentient beings in the world." If there is any enlightened sage in the audience, tell me the answer.

(No one in the assembly responds)

This body that has been born into this world, as well as all of the sights, sounds and smells in the universe are simply manifestations of the omnipotent Mind.

Seoseokdae Rock[4] stands like a folding screen;
The isles of the southern sea float like sea turtles.
With one turn, the omnipotent Mind creates this and
Everything in the universe. This makes the gold shine
even more.
Over the west and east mountains, I hang the sun
and moon like lamps;
Songs of the Pure Land are played with a flute without
holes;
In silk garments, the wooden maiden dances like the
wind;
Drunken with joy, the stone man sits with his mouth
wide open.

(The master descends the rostrum)

---

4) Seoseokdae Rock is a famous location in Korea where the rock
   resembles an opened oriental folding screen.

14

(The master ascends the rostrum and sits, displaying the sublime teaching silently)

Not even a speck of dust can exist here, not even a single blade of grass. Here, without any hindrance, it comes and goes as it wishes. Just as all the sands of the Ganges are countless, so are the numbers of ways it can manifest its subtle functions freely. But even so, in our tradition this still deserves a scolding. Say something.
Why is this?

Hum!

(The master descends the rostrum)

(The master ascends the rostrum and sits, displaying the sublime teaching silently)

It's Just-Like-This! What on earth are we even doing here?

Neither the Buddha nor Vimalakīrti have anything to say, correct words cannot be found anywhere in the 84,000 sutras; it's the same for all of the commentaries of the Patriarchs.

If you begin to explain it, you are already wrong.

So what can you do?

A buddha made of gunpowder sits calmly in the fire playing a drum

While the mud sage dances in the ocean,

And on a cloud, a steel bodhisattva sings.

(The master descends the rostrum)

16

(The master ascends the rostrum)

The lake is clear, the sunset over the mountain is red.

Just-Like-This, where the Dharma is concerned, there is no Dharma that is not extraordinary Truth. It cannot be hidden or destroyed. It never changes or collapses, so it always stands out brilliantly alone.
Do you understand?

Listen to the chrysanthemum that is blooming next to the wall.

(The master strikes his staff twice against the rostrum and then descends)

17

(While the master ascends the rostrum, the smells from the kitchen waft in)

There is this smell, but what is the thing that smells it?
Say something.

(No one in the assembly responds)

How do you not notice the Pure Land all around you?
What have you been doing?

(The master descends the rostrum)

(The master ascends the rostrum)

What is the Buddha's Dharma?

The mountains are high.

Do you understand?
If you don't, I'll show you once again.
A dog chases after a thrown stone, but a lion attacks
the person who threw it.

(The master holds his fist to the sky and descends
the rostrum)

19

(The master ascends the rostrum)

Zen Master Yunju once said, "People used to say that it's easy for the body to exit through a door, but it's difficult to exit through the door of the body. However, even if you say that you've moved, you are buried 1000 feet under the ground. And even if you say that you are still, your Mind gives rise like a sprout that comes forth.

Now, with this one explanation I have freed you all."
Assembly, with one word tell me what this is about.

(From the assembly a person answers with a shout)

What does that shout mean?

(The person responds with another shout)

Is the first shout the same as the second one? Or are they expressing something different?

(No one in the assembly responds)

Eok!

This shout buries you deep in the ground.

Eok!

This shout brings you back out.
You should be able to tell the difference between these two shouts.
Do you understand?

(The master descends the rostrum)

20

(The master ascends the rostrum)

The swallow sits leisurely on the line;
The sky is a brilliant blue.

Here, even if you leave, there is no going; even if
you come, there is no arriving - it is like the reflection
of the full moon in the water, you can see it there but
it doesn't really exist. It is like all the things you see
in your dream - they may seem to exist but they're
not truly there.
Do you understand?
The best horse runs when they only see the shadow
of the whip.

The sound of the wind chimes⋯.

The Buddhas and Patriarchs reflect inwards. Even if you know that the whole universe is in your mind, Just-Like-This, you still must take a final step off of the 1000 ft cliff to be called a Great Man.

(The master strikes his staff once against the rostrum and descends)

21

(The master ascends the rostrum)

The roses, growing on the wall, reveal the Buddhas'
and Patriarchs' secret teaching. Can all of you hear it?
What a shame!
But it's not only the roses that teach it. Every rock,
every blade of grass… there is nothing that does not
reveal the secret teaching.
I hope that what I am going to say will sweep away
any difficulties or obstacles in your path.

In front of my face I see my nose, behind my back
the wall stands tall.

Do you understand? The whole universe is here.
Keep practicing, I will wait for your response.

(The master descends the rostrum)

22

(The master ascends the rostrum)

Why did Bodhidharma come from the West?

A thread of smoke rises above the candles.

If you have faith in the mind that hears these words…
then you will not be confused by the words of the
Buddhas and Patriarchs. However if not, can this be
called anything but a shame?

The white crane, flying in the distance cries out;
The empty boat, stuck in the sand, sits quietly on
the deserted beach.
If you enlighten to this without even the thought of
enlightenment,
Then you will laugh about having been at the door of

nirvana all this time.

Do you understand?

(The master sits in silence, no one in the assembly responds)

For this reason the eternally motionless Buddha had no choice but to open his mouth and speak the Dharma. For this reason the tears of the Bodhisattvas fill an ocean.

Hak!

(The master strikes the staff twice against the rostrum and descends)

23

(The master ascends the rostrum and shows the new year's calendar)

What is this calendar telling us?

(No one in the assembly responds)

Usually people talk about seeing the old year out and the new year in.
But in our tradition, you should be able to say that it is telling us that there is really neither coming nor going.

Hum!

(The master descends the rostrum)

24

(The master ascends the rostrum)

If you realizes that forms are without form, then without even having to move an inch, you have already met with all the Buddhas, Patriarchs and great masters. Do you understand?

If you see without discrimination, there is neither inside nor outside. If you see through the place where there is neither inside nor out, there is no coming or going; when you see through the place where there is neither coming nor going, then there is no life or death. And finally, where you can look through the place where there is no life or death, then there is neither Nirvana nor samsara.

And in the place where there is neither Nirvana nor samsara, what need is there of Buddhism?

Here, where Buddhism is of no use, there are the

eternal colors of spring in the mountains. What else is there for the free man to do, other than enjoy the flowers while singing and dancing?

(The master descends the rostrum)

25

(The master ascends the rostrum and sits, displaying the sublime teaching silently)

When Zen Master Yangshan went to visit Zen Master Dongsi, Master Dongsi asked,

"Where are you from?"

Master Yangshan responded,

"I'm from Guangnan."

"I've heard there are famous pearls in the sea near Kwangnam, did you bring one?"

"Yes," Master Yangshan replied.

"Show it to me."

Master Yangshan folded his hands respectfully, moved closer and then said,

"Yesterday I went to visit Zen Master Guishan, he asked me about this pearl also. I had no words to respond, there was no way to explain."

To this answer, Master Dongsi highly praised him. If I ask you to show me the pearl then how would you respond?

(No one in the assembly responds)

Hum!

(The master descends the rostrum)

26

(The master ascends the rostrum and sits quietly)

Zen Master Linji used to ascends the rostrum and hold up his staff. What is the meaning of this?
If you know, please tell me.

(The master sits in silence)

What a perfect way for Zen Master Linji to display the Truth! Just-Like-This, without front or back, he entirely showed it all at once. Who could understand this great compassion?
Don't you want to know this?

The sky is blue, and dark is the ground.

If you know what I am saying, then you are an

enlightened sage.

(The master strikes his staff twice against the rostrum and descends)

27

(The master ascends the rostrum,

holds up the staff,

turns it sideways

and then strikes the rostrum)

This is a Paradise adorned with treasures.

In Indra's net each jewel contains the reflection of all
the other infinite jewels surrounding it, and then that
reflection of infinite jewels can be seen in the reflection
of all the other jewels as well. Like this, the people of
this Paradise are all interconnected, but at the same
time, completely unhindered and free.

Don't you want to see this magnificent world of
Buddha?

The lightning flashes inside a cloud;

Raindrops splash under the eaves,

While inside, the cat stretches out.

(The master descends the rostrum)

28

(The master ascends the rostrum)

Eok!

Here, everything in the whole world is like a snowflake in a fire.

This Dharma, Just-Like-This, is so apparent that this has no secrets; a light without colors comes out from a canyon without any walls. This is the joy and pleasure of the Buddhas and Patriarchs.

(With a smile, the master descends the rostrum)

29

(The master ascends the rostrum and sits displaying
the sublime teaching silently,
then holds up the staff sideways
and strikes the rostrum once)

Even if you say that you understand, I will hit you.
Even if you say you don't understand, I will still hit
you. What can you do?

(The master sits in silence)

Hanshan calls from the east;
Shide responds in the west,
And in the midst of them, Fenggan dances.

(The master descends the rostrum)

30

(The master ascends the rostrum)

Today, instead of a dharma lecture, let's enjoy this poem together.

It is called "My Everyday Life".

Enlightened by the sound of the wind passing through the pines,
I cultivate my practice with my friends: the rocks and trees.
One day, suddenly, time became like an empty mirror;
Before I knew it, my hair turned gray.
Drunk with the pleasures of spring, these days I
Sing this song among you all:
One song, a song of great peace,
The other one, a thunderous shout.

Ha. Ha. Ha.

(The master descends the rostrum)

31

(The master ascends the rostrum)

A long time ago at Dabosa Temple while I was giving a dharma lecture, WolPo *sunim* came up and asked me, "What is Big?"
I replied to him with another question, "What is Small?"
WolPo *sunim* just stood and stared at me, so I gave him a large shout, "Hak!".
If I asked one of you here now, "What is Small?" then how would you answer?

(No one in the assembly responds)

Hak!

(The master descends the rostrum)

(The master ascends the rostrum)

The autumn leaves are red on the south mountain, in the north the first snow is white.

Do you understand?

If you had finished the work of life and death even before I opened my mouth, then this is the supreme vehicle. If you awaken after listening to my words, this is the great vehicle. If you end up studying and meditating for a long time in order to awaken, then this is the middle vehicle.

However, in practicing Just-Like-This, then how can such levels exist? To finish I would like to add,

If one would ask me the fundamental teaching of Buddhism, then I will instantly point to that gold plated wooden statue of Buddha.

(The master strikes the rostrum with the staff twice, and descends the rostrum)

33

(The master ascends the rostrum and sits, displaying the sublime teaching silently)

Transcending without even the thought of transcendence, what is this state?

(The master sits in silence)

In our tradition, we must penetrate beyond the Gate of the Patriarchs.

(Strikes the rostrum with the staff twice)

Hum!

(The master descends the rostrum)

34

(The master ascends the rostrum)

The lightning flashes in the sky,
And the splashing rain under the eaves is a sight to
be seen!

The ancient Buddha enlightened Just-Like-This, and
so does the Buddha of today.
If you chase after phenomena, you will not know the
Buddha's Dharma even after a thousand years.

(The master strikes the rostrum three times with his
staff and descends the rostrum)

35

(The master ascends the rostrum and sits, displaying the sublime teaching silently)

This is the true body of the Great Wisdom, the Maha Prajna,
And the radiance of sublime enlightenment.
This is the free expression of Master Puhua,
And the simple laugh of Master Hanshan.

Ha.
Ha.
Ha.

(The master descends the rostrum)

(The master ascends the rostrum)

What is this?

When this question becomes your only thought, you will forget everything. You will be as if you were blind and deaf. You will even forget your own being. At this moment, if someone comes and asks you, "What is this?", you will answer, "The cock crows when it breaks out of it's shell, but there is never a shell to begin with."

At this time, you will be called a Great Man. But if you cannot become like this, nor can you immerse yourself completely into the question, then no matter what your *kong-an* is, it will truly be difficult to enlighten.

(Holds the staff out)

This staff that I hold out, is this the same as Zen Master Yunmen's dried shit stick? Or is it different?

(Strikes the staff against the rostrum once)

This sound reveals a thousands of *kong-ans*. Do you understand? I will wait for another day.

(The master descends the rostrum)

(The master ascends the rostrum)

Zen Master Caoshan said to one of his senior disciples, "Which sutra talks about a Bodhisattva hearing the sound of an elephant crossing a river while in Samadhi?"

Can anyone here answer this?

(No one in the assembly responds)

If anyone asked me this question, then I will answer:

This sutra.

If someone would ask again, "Which sutra?", then I will answer:

Horse post.

(The master descends the rostrum)

(The master ascends the rostrum and sits, displaying the sublime teaching silently)

Now I've just swept away any trace of the whole universe, but there is no one who realizes it.

(Strikes the staff against the rostrum)

Now the universe is back to the way it was, but still no one is aware of it. What does this mean?

(No one in the assembly responds)

A bodhisattva made of gunpowder sits quietly playing a drum in the fire;
The jade king dances on top of a cloud,
And a mud arhat displays his supernatural powers

underwater.

(The master descends the rostrum)

39

(The master ascends the rostrum, and with his staff he draws a circle in the air)

Ancient masters would say, "If you say that you didn't enter then you deserve to be hit, but even if you say you did enter then you still should be hit." Answer quickly.

If someone is able to answer this, then that person resides in the palace that has neither inside nor outside. They are able to do everything under heaven flawlessly. Did this person come out? Or not?

(The master strikes the rostrum with the staff once and then descends the rostrum)

40

(The master ascends the rostrum and sits, displaying the sublime teaching silently)

The wind chimes under the eaves are telling me to descend from this seat.

The sound of wind chimes fills the boundless mind;
The infinite body sees the sound, Just-Like-This.
Is there anything that can compare with this calm bliss?

(The master laughs and then descends the rostrum)

41

(The master ascends the rostrum)

In Buddhism, we talk about sentient beings; a sentient being is one whose mind is tainted with phenomena and has fallen into the endless cycle of birth and death. Today, with the nectar of the compassionate Avalokitesvara Bodhisattva and the severe staff of Zen Master Linji, I would like to wash it clean.

(The master strikes the staff against the rostrum once, and then displays the sublime teaching silently)

The flying cherry blossoms are like a snow flurry;
The staff upon the cushion is silent.

Today I've washed everything clean. Do you know what I'm talking about? What is actually clean?

(The master sits in silence)

The Buddhas and Bodhisattvas lament that there are only blind men who can't see past their own noses.

(The master strikes the table with the staff three times and then descends the rostrum)

42

(The master ascends the rostrum)

Zen Master Gaoting was walking to meet with Zen Master Deshan. He saw Master Deshan across the river and bowed, putting his hands together.

To this, Master Deshan waved his fan above his head, and when Master Gaoting saw this his mind opened up. Enlightened, Master Gaoting immediately turned around and walked away, never looking back at Master Deshan.

Assembly, you are gathered here right now, what did you see, what did you enlighten to? Say something.

(No one in the assembly responds)

The one who chases after phenomena gets further and further away, but those who turn into themselves by encountering phenomena will smile like Kasyapa.

(The master descends the rostrum)

43

(The master ascends the rostrum and holds his staff upright for a few seconds)

I have just displayed everything in our tradition, does this resonate with anyone here?
If it does, say something about this.

(No one in the assembly responds)

The whole universe fits inside a speck of dust; a speck of dust swallows the entire universe. In that state, one thought is the past, present and future; the past, present and future is all one thought – everything is manifested.
This is Samadhi, what Sakyamuni Buddha taught in three places.

(The master descends the rostrum)

44

(The master ascends the rostrum)

Assembly, the Original Body has no inside or out. The form or formlessness; the big or small, they are all derived from the inconceivable and inherent abilities of the Original Body, the Mind. Regardless of whom it belongs to, this body is neither better nor worse.

Assembly, it is Just-Like-This. Temporary and eternal; the past, present and future are simply names. There is no coming here, there is no leaving either.

If there is anyone here who is not clear about it, then watch this.

(The master shows his clenched fist, and then claps his hands.)

Don't chase after sounds, don't be so foolish as to

chase after forms. Right here, Just-Like-This, I hope you know the joy of heaven.

Finally, even though I want to say something, I can't say it all; even though I want to show something, I can't show it completely. So I will leave it all up to the sound of this clap.

(The master claps once and descends the rostrum)

45

(The master ascends the rostrum)

One day a zen monk came to me and asked, "What is the teaching of Master Yentou that transcends even transcendence?"

"A teaching that transcends even transcendence? Is there such a thing?", I replied and then laughed three times.

Assembly, say one thing about this.

(No one in the assembly responds, the master descended the rostrum and returned to his room)

46

(The master ascends the rostrum)

Zen Master Dongshan was conducting a memorial service for his teacher Zen Master Yunyan. A zen monk came and told Master Dongshan a story.

"A long time ago a monk asked Master Yunyan 'Tell me about your Original Face after you are dead.' Master Yunyan sat quietly for a while and then replied, 'Only Just-Like-This.' What does this mean? Did Master Yunyan understand the state of 'only Just-Like-This'?"

Master Dongshan responded, "If he didn't understand, how could he have said this?" A few moments later, Master Dongshan said again, "If he understood, how could he have said this also?"

Master Dongshan's practice can be seen in these two sentences.

Assembly, what do you have to say about his state?

(No one in the assembly responds)

"If he didn't understand, how could he have said this?" This is like the mystical fox that runs around without leaving any tracks, but the scent still remains.

"If he understood, how could he have said this?" And this one, is like that fox that doesn't even leave a scent while running around unhindered.

(The master descends the rostrum laughing)

(The master ascends the rostrum)

Zen Master Yunmen once said, "The flame of that candle is giving a dharma talk to every Buddha of the past, present and future. And all of those Buddhas are listening to it on their feet."

Assembly, show me where they are all standing!

(No one in the assembly responds)

Hum!

(The master descends the rostrum)

48

(The master ascends the rostrum)

Assembly! Buddhism is originally Just-Like-This, therefore we don't speak of time or space. We don't refer to life or death, nor do we talk about things being true or false.

Assembly!

It is for this reason that Zen is not a matter of cultivation. There is no attainment, and there is nothing to accomplish with Zen either. Zen is Just-Like-This; it has always just been.

Assembly!

If you're not like this yet, listen to that window speaking the Dharma there. As long as you can just avoid the trap of becoming immersed in what you perceive with your senses, the instant you hear my words, you will awaken. How can you say this is something that you can cultivate and attain? Or just a matter of losing or finding something?

The leaves tumble and settle in the garden;
The sun shines overhead.

(The master strikes the staff against the rostrum once and descends the rostrum)

(The master ascends the rostrum)

The nightingale in the mountains behind us
Has already said everything I was going to say.

(The master descends the rostrum)

(The master ascends the rostrum and sits, displaying the sublime teaching silently)

Boundless, it is empty and quiet, there is no movement. It is from the bright light of this emptiness and quietude where everything is done – this is the boundless, clear Mirror of Wisdom.
If there is someone who has experienced this state, come out and say something.

(No one in the assembly responds)

The wise king never descends the throne,
Yet is still well in control of his kingdom.
He responds to everything that arises perfectly,
Always, Just-Like-This.

(The master descends the rostrum)

Vision of the 21st Century:
Things We Must Do Differently

Vision of the 21st Century:
Things We Must Do Differently

In 1962 the harmful effects of pollution and an inevitable energy crisis began to become apparent to me so I started my own research on alternative forms of energy (infinite motor, solar power, wave energy, wind power) and 'Farming within the fence'.

I also talked about how many people would depend upon these solutions. At the time however, the problem had not become apparent enough to garner much attention and so my ideas went unrecognized.

In 2009 we established the International Union to Prevent Desertification (IUPD) to bring awareness to one of the most desperate environmental problems, which need to be solved, and to suggest answers to saving our endangered global village.

The IUPD is promoting the prevention of global warming / desertification, making greener surfaces and developing alternate energy. These are initiatives which everyone should work towards.

First, tree-planting has not been successful in preventing desertification or recovering desert areas despite the huge investment of financial and human resources.

We suggested a new solution to the IUPD called the 'Seawater Irrigation Project'.

The Seawater Irrigation Project is designed to recover the eco-system in deserted areas, by installing water lines and irrigating with ocean water for plants with high resistance to salt water.

This is a solution to solve the problem of trees being unable to survive because of a lack of water.

However, the purpose of IUPD is to prevent the expansion of deserts, not to get rid of them completely.

Like the heart in the human body evenly sends blood to every corner of the body to enable movement, deserts play a vital role on Earth and in regulating the temperature of the planet.

This is why we also need to study how we will manage deserts as well as prevent the unnatural expansion of them.

Second, through a three year experiment, I discovered a plant that can change vast areas of wasteland to grasslands in a short time with only minimal cost and manpower.

This plant is called 'sedum'. It can be easily scattered from helicopters without planting it. It is a resilient plant that can thrive in the cold and heat of desolate lands.

This will be helpful in recovering our environment by making a green surface.

Third, solar power, wave energy, wind power and so on are ways of developing alternative clean energy.

These three resources cannot be developed by an individual or a nation. All nations need to make an effort and make it a global business. The nations participating in the fund-raising need to receive the full benefit of these systems.

If we work on these goals together, then we will have a bright and green world. However, if we look away from this problem, we will not be able to survive the extreme repercussions.

I have been talking about 'Farming within the fence' for a long time; it is already known as the 30-storey vertical farm in Las Vegas. It can be successfully operated in such a grand scale, but it must also be placed in each home.

To prepare for the worst of the 21st century, we need research pertaining to underwater life and water cultivation.

When it comes to preparing for global warming, air pollution, and reduced living space due to rising sea levels, we need to prepare for life in the sea rather than in the universe. It is much easier and can reduce costs.

When one becomes enlightened they not only must help others to become enlightened to their immortal True Self, but be able to see into to the future so as to prepare people for a unpredictable future in our material world.

Since we must keep giving and working until all people can live together in paradise the meaning of Buddhism is more than just simply speaking about the way to enlightenment.

Dharma Transmission to the 78th Patriarch, Zen Master DaeWon

Dharma Transmission to the 78th Patriarch, the *JeonBeop* Zen Master DaeWon

First Gatha of Enlightenment

What is this thing that carries this body?
On the third or fourth years I had contemplated thus,
To the sound of the wind swishing through the pine trees,
The great work was completed all at once.

What is sky and what is earth?
This mind, as it is pure, is boundless, just like this.
Responding just like this, where there is no inside or outside,
There is originally nothing gained or lost.

Is there anyone who can believe without a doubt?
All thoughts, knowing and distinguishing,
Over which we spend our day;
This is the mysterious awakening even before the
ancient Buddha!

In the summer of 1962, Zen Master JeonGang[5] was the *Josil*[6] of Donghwa Temple. During this time Zen Master DaeWon was studying with his teacher, the Great Zen Master JeonGang.

One day he presented his Gatha of Enlightenment to the master. The Great Zen Master JeonGang praised his disciple saying that the 3-stanza gatha was a clear evidence of his enlightenment. However he commented that gathas are traditionally kept short. In response to this, Zen Master DaeWon recited another gatha that he had composed previously when he had seen the moon

---

5) Zen Master JeonGang: The 77th Patriarch of the Dharma Lineage of the Buddha and Patriarchs and Zen Master of the Jogye Order of the Korean Buddhism.
6) *Josil*(祖室): The highest authority on the Dharma in a temple. The Great Zen Master JeonGang was also a patriarch who had received the Dharma of enlightenment directly descended from the Buddha.

and the sun in the evening sky over the fields of Gimje.

Second Gatha of Enlightenment

The sun in the west and the moon in the east, lightly
hang over the mountains,
And the fields of Gimje are filled with the autumn hue.
Even though the whole universe cannot be,
People come and go on the road with the setting sun.

The Great Zen Master JeonGang heard this and asked
Zen Master DaeWon if he could compose another gatha
that would reveal the same stage of enlightenment. Zen
Master DaeWon immediately recited the following:

Over the rock the wind passes through the pine trees,
And below the mountain flies the golden oriole.
There is not a trace even of the entire universe,
But the monkey cries loudly under the moonlight.

The Great Zen Master JeonGang listened to the first two lines with his eyes gently closed. Then upon hearing the last two lines, he opened his eyes revealing delight. However, he didn't stop there and asked about an incident in the mountains that occurred earlier in the retreat. "When other monks called you up into the mountain the other day and BeopSeong *sunim*[7] (He is Zen Master JinJe, a disciple of Zen Master HyangGok. At that time he was called BeopSeong. Later, he changed it to BeopWon.) asked you to speak on Bodhidharma's 'I don't know.' *kong-an*[8], you said, 'Revealed!' If you were

---

7) *sunim*: an honorific title for Buddhist monks and nuns.
8) Bodhidharma's 'I don't know.' *kong-an*: Bodhidharma was a prince of the Pallava Dynasty in ancient India who received the Teachings of the Prajnatara after being ordained. Realizing the many opportunities for spreading the Dharma in the east, he sailed to the Liang Dynasty. When he heard that the Emperor Wu of Liang was a devout Buddhist who had built a thousand Buddhist pagodas and statues throughout his land, Bodhidharma paid him a visit. Before the Bodhidharma, Emperor Wu Liang asked,
"Since I've become emperor, I have built many temples, issued various sutras and ordained numerous monks. What then, is my merit?"
"There is no merit."
"How is there no merit?"
"It is merely the cause of being born into the world of man and the world of heaven. Like the shadow that follows its object, it is not real."
"What is the foremost teaching of the Dharma?"
"Being boundless, just like this, there is nothing to call a saint."

Emperor Wu of Liang, how would you respond to Bodhidharma's 'I don't know'?"

"If I were the emperor Wu," replied Zen Master DaeWon, "I would respond by saying, 'Even though there is no such thing as a saint, wouldn't it be much better to enjoy the flowering of my virtue together, just like this?' and take him by the hand."

The Great Zen Master JeonGang was astonished, "How have you reached such a stage?"

Zen Master DaeWon replied, "How could one say that he has reached it, that he has it, or that it is of his nature? It is only just like this."

As Zen Master DaeWon continued, the Great Zen Master JeonGang became greatly pleased and the two came together like BaegA and JongJaGi.[9]

"Who, then, is the one facing me now?"

"I don't know."

The Emperor Wu stood in confusion and Bodhidharma crossed the Yangtze River and went to the Wei Dynasty.

9) BaegA was the master of the *geomungo*, a 6-stringed zither, in ancient China. Although he was the greatest player of the *geomungo* in all of China, only his most beloved friend, JongJaGi, could truly understand and appreciate his music. So when JongJaGi suddenly passed away one day, BaegA smashed the *geomungo* and cut its strings, never to play the *geomungo* again.

The story behind this dialogue had taken place a few days earlier on the mountain.

Zen Master DaeWon entered the meditation hall for the evening session only to find the seats in the hall empty except for few of the elder monks. Right when Zen Master DaeWon was thinking this was strange, he saw a young monk who furtively call him out, waving at him from outside the hall. He told Zen Master DaeWon that a group of monks were waiting for him on the mountain out back.

Zen Master DaeWon followed the young monk into the mountain and found a gathering of twenty some monks waiting for him in stony silence. Immediately upon seeing Zen Master DaeWon, BeopSeong *sunim* called out to him,

"Speak on Bodhidharma's 'I don't know.' *kong-an*."

Without a moment's hesitation Zen Master DaeWon replied, "Revealed."

Then SongAm *sunim*, who was standing nearby, asked him about the '*An Su Jeong Deung*' *kong-an*.[10]

---

10) '*An Su Jeong Deung*' *kong-an*: A man being chased by a rabid elephant fell into a well. At the bottom of the well there were four poisonous snakes waiting to devour him. Before falling to the bottom of the well,

"How would you save yourself?" SongAm *sunim* asked.

Zen Master DaeWon replied loudly, *"An! Su! Jeong! Deung!"*

As all of the monks were startled into silence, Zen Master DaeWon walked away.

The next day after breakfast, MyeongHeo *sunim*, the head monk of the meditation hall, gathered all of the monks to ask them why they had been absent from the evening meditation without notice. It was at this time that the whole story was revealed. As a result, the monks who had been absent during the session assumed their formal robes and bowed in penance before the Great Zen Master JeonGang.

The next day of the thorough verification, the Great Zen Master JeonGang called Zen Master DaeWon. When he arrived, he found his master and the Abbot WolSan *sunim*

---

he grabbed hold of a vine being gnawed at by white and black mice. With the rabid elephant thumping outside, there was nowhere for him to run. At this moment, a drop of honey fell from a beehive hanging above into the man's mouth. At the taste of honey, he forgot all the danger he was in. The question of how one would save oneself in this situation is the *kong-an* of *An Su Jeong Deung*.

who had been asked to be a witness.

The Great Zen Master JeonGang recited the following Dharma Transmission Gatha,

Dharma Transmission Gatha

Even the Buddha and the Patriarchs had transmitted nothing,
How could I say I have received it or will give it.
This Dharma, in the 21st century,
Will be a refuge for all in this world.

And the master appointed Zen Master WolSan to be a witness of Zen Master DaeWon's enlightenment and the Dharma Transmission. He stressed that no one should know about this *In-ga*[11] until the year 2000. He also forewarned that if not, many obstacles would arise in spreading the Dharma and Zen Master DaeWon would be

---

11) *In-ga* (印可): The formal recognition of a disciple's enlightenment by a master who has received transmission in the Dharma lineage started by Sakyamuni Buddha.

in danger.

After this secret *In-ga*, the Great Zen Master JeonGang ordered Zen Master WolSan to send Zen Master DaeWon to Bohyeon Temple, an ancillary temple of Donghwa Temple, to teach the Dharma to the laity.

The day Zen Master DaeWon left for Bohyeon Temple, the Great Zen Master JeonGang walked with him a mile outside the temple gates and gave him a piece of paper with a gatha he had written for his parting disciple.

Gatha of Entrusting the Dharma

To respond just like this without leaving his throne,
In days to come a child of stone will blow a flute without
holes.
Thenceforth, the Dharma will spread throughout heaven
and earth.

There is also a story behind the first line, "To respond

just like this without leaving his throne."

One day, while Zen Master DaeWon was practicing under the Great Zen Master JeonGang at Eunjeok Temple in Gunsan, the following dialogue took place between them during an unexpected encounter in the garden.

"Tell me about the spiritual awakening in the silent void," the Great Zen Master JeonGang asked.

"Just like this, I talk with you," Zen Master DaeWon replied.

"Tell me about the silent void in spiritual awakening."

"Talking with you, I am just like this."

As Zen Master DaeWon answered, the Great Zen Master JeonGang sharply stared at him and asked, "What is the stage of talking 'just like this'?" in order to test whether his disciple truly knew the stage of being 'just like this'.

"A wise king wholly responds to everything without leaving his throne." Zen Master DaeWon replied.

So the Great Zen Master JeonGang put the stage of the response in the first line of his Gatha of Entrusting the Dharma.

Looking at the process of the Dharma Transmission, one cannot help but admire the discerning eye of the wise master who thoroughly tested his disciple not once or twice but for a third time, and how Zen Master DaeWon responded to every test without a moment's hesitation. As if this were happening in the present, one cannot help but exult in this interaction between two Zen Masters brought together with the joy of the Dharma.

Now that we are in the second millenium that the Great Zen Master JeonGang told, we have revealed the history and the Dharma Transmission Gatha given to *JeonBeop* Zen Master DaeWon.

This will fulfill the prediction of the Great Zen Master JeonGang; the light of the Dharma of modern Zen Buddhism − from the Great Zen Master GyeongHeo, the Great Zen Master ManGong, the Great Zen Master JeonGang and to this generation − will fill the whole world.

Baroboin佛法 ㊲

达摩的一喝也不允许

大圆文载贤禅师 著

MOONZEN

Moonzen出版社是由正脉禅院经营。

Baroboin佛法 ㊲

达摩的一喝也不允许

第1次出版发行日期 佛纪3043年 公元2016年5月20日

著　　者　**大圆文载贤禅师**

发　　行　**Moonzen出版社**

编辑,润文　真性尹柱瑛
制作,校正　道明郑滓太, 真运吕姃河
中文翻译　天明洪军彪
英文翻译　圆光艾琳·麦克雷格(Eryn Michael Reager)
印　　刷　伽蓝文化社

Moonzen出版社 - www.moonzenpress.com
正脉禅院 - www.zenparadise.com
沙漠化防止国际连带 - www.iupd.org

目 录

序 文

这时，文殊菩萨露出微笑

维摩居士默然

哎呀…

(放下笔)

檀纪 4345年

佛纪 3030年

西纪 2012年

无等山人 大圆 文载贤 焚香谨书

达摩的一喝也不允许

大圆文载贤禅师法门集

1

(登上法座)

即便是达摩的一喝，大圆也不允许。

(下了法座。)

(登上法座，默然明示)

在这里，连三世诸佛和历代祖师也没有开口处，一喝、棒打、举佛尘是什么道理？

明白了这个道理，别说是1700个公案，即使是100万个公案道理，也如同看眼前的东西，对于这个境地各位说一下。

该怎么说呢？

(大众无语)

(拄杖敲打三次后下了法座。)

3

(登上法座，默然明示)

想要悟出真我的心，如同口渴的人寻找水；饿了三天的人寻找食物一样恳切才行。

如此这般，成为想要遗失也不会遗失的境地后，一直修行下去的话，在某一瞬间，遇到特别境界的时候，突然会开悟。

至此，当咽气的时候，根据自己的意志力停止最后呼吸的话，即便是阎罗大王的使者也奈何不得。这是为什么呢？

这都是摩诃般若的力量。

在这种力量面前，别说是海啸，就算是大地震，就算是火山熔岩也变成莲花，有什么可怕的？

在这里没生也没有灭，连所谓生死的名字也不可能存立。

只以三昧中尽享的境地，尽心尽力的传承佛法。

(下了法座。)

(刚要登上法座，突然传来震耳欲聋的雷声)

大众说一下，这雷声的精髓是什么？

(大众无语)

这个雷声已经把三世诸佛和历代祖师没有说完的法门都明示
了，难道你们没有听见吗？
各自回到处所，好好参究雷声的精髓后再过来说一下。

(下了法座。)

(登上解制法座，竖举拄杖，横举拄杖，接着敲打了一次地面后)

海底泥牛衔月走
岩前石虎抱儿眠
铁蛇钻入金刚眼
昆仑骑象鹭鸶牵

此四句中的每一句都能活能杀能纵能夺。大众说一下看看。
若能正确说出，许你受用拄杖的道理；若不能正确说出，今日岂能解制？
各自努力。

(下了法座。)

(登上法座，默然明示)

　这个活句[1]法，佛陀在三处明示，德山用棒、临济用喝示人，大众是否明白？

(沉默片刻后)

　对面山坡上的柏树也跳舞明示，屋檐下的风磬也如此恳切的诉说，怎么还不明白呀？
　这个过错在哪里？

　不能开悟的理由都是因追境界而导致
　壮观的油菜花恰似黄色波涛，飘落的樱花如同白雪
　一切都是吐露活句法的，精妙的野坛法席[2]

(下了法座。)

---

1) 活句：切断一切思量，不是掉进语言上，而是通过这个语言悟出根本的语句。以之相反的死句是，看似合乎道理，其实掉进语言上，离根本越来越远的语句。
2) 野坛法席：(韩国用语)在野外大规模垂示佛法的法席。

7

(登上法座，默然明示)

明白吗？

(举起拄杖)

这是灵山会上拈花的消息

(先站后坐)

这是达摩大师来东土的消息

(敲打拄杖后)

这是临济禅师的活埋道理

明白吗？

(沉默片刻后)

追声寻意历经百年也难免聋子和瞎子。

喝！

(下了法座。)

(登上法座)

敞开法堂大门。
对面山上的青松林在明示什么？
大众说一下看看。

(大众无语)

都是睁着眼睛也看不到的睁眼瞎子。
已经说完了八万大藏经里也没说完的法门，难道没有看见也
没有听见吗？
只有无情才能说好没有过错的法门。
不要成为韩卢逐块，成为金毛狮子吧。

(下了法座。)

(登上法座，默然明示)

跟维摩居士的默然不一样吗？

(沉默片刻后)

在这里，三世诸佛和历代祖师也没有开口处，就算是文殊菩萨和普贤菩萨也没有入手处，即便是以无量三昧和恒沙妙用，能穿透百千万个公案的人也只能悠闲地无所事事。
不过非要请求说一句的话，该怎么说呢？

(大众无语)

石头汉子腾云击鼓
水上玉女翩翩起舞
木头童子陶醉在快乐中

(下了法座。)

(登上法座，默然明示)

　庞居士刚进入百灵和尚屋内，和尚便抓住居士说："今人道古人道，居士怎么道？"庞居士打了百灵和尚一掌。
　大圆会说："打一掌虽然是好，仍有痕迹。"如果是各位，会怎么做呢？说一下看看。

(大众无语)

　诸位当中谁要是出来问我，百灵和尚问庞居士的问题，我会说："还能让我说什么？"

(一边哈哈大笑，一边下了法座。)

(登上法座，拄杖敲打一次法床后)

在这里要有照用同时才行。明白吗？

(拄杖又敲打一次法床后)

在这里要有没有一切分别的，无为之为才行。明白吗？

(拄杖又敲打一次法床后)

这个香积世界是诸佛的日常处。如果在座的诸位也一同参加了的话，说一下感想。

(大众无语)

流到尽头水成海
心到穷极维摩默然

如意珠的庄严世界是百千之香气

(下了法座。)

(看见一禅僧过来，猛地用棒敲打后)

能向内观照而契入，则可以用微笑融化大千，向外追寻，则只能坠入六道里轮回。明白吗？

(禅僧一头雾水的站在原地)

这家伙笨的如同前山的石头。

(猛然推开了禅僧。)

(登上法座)

文殊菩萨问维摩居士："菩萨是怎么看此国土的众生？"
维摩居士说："如魔术师用魔术变成的人形一样看，如水中倒影的月亮一样看，如镜中的像一样看，如海市蜃楼一样看，如回音一样看，如空中浮云一样看，如水中浮沤一样看，亦如闪电一样看。"
大众对此该怎么说呢？

(大众无语)

此国土中受生的身、森罗万象、各种光、声、香都是大丈夫的全能来庄严并尽享的。

无等瑞石如屏风
南海岛屿似浮龟
家翁全能作一转

万像诸法金添光
东西峰挂日月灯
华藏宫歌吹无孔
锦衣木女轻飞舞
绽口石男醉好境

(下了法座。)

(登上法座，默然明示)

微尘也无法存立，寸草也未曾长过的此中，没有挂碍的来回，又如数不清的恒河沙一样的妙用自由自在，仍然在此宗门下，免不了当头一棒。说一下看看，这是为什么？

呵！

(下了法座。)

15

(登上法座，默然明示)

如是而已，为什么聚在这个地方？

即便是佛陀和维摩居士也没有开口处，八万大藏经和历代祖师语录里也找不到以此类似的语言。

只要安上任何的名称，已是相差了十万八千里。

究竟怎么办？

火药佛火中击鼓
泥维摩水中起舞
铁菩萨腾云歌唱

(下了法座。)

16

(登上法座)

湖水清澈，山顶霞光红。

如是佛法，没有一个不是格外的道理[3]。所以佛法不能遮挡或消除，也不能变化或坏掉，始终独露。明白吗？

墙角下的那个菊花也在诉说。

(拄杖敲打两次法床，下了法座。)

---

3) 格外的道理：超越时空而尽享生活的道理。

(登上法座坐一会儿，厨房的饭菜味道就飘过来了)

闻此味道的"这个"是什么？
大众们说一下

(大众无语)

诸位已经在华严道场还不知道吗？
该收饭钱了。

(下了法座。)

(登上法座)

什么是佛法？

山高。

如是说完了佛法。明白吗？
如若不然，再明示一下。
韩卢逐块，而狮子却咬扔石块的人。

(用拳头击打虚空明示，下了法座。)

(登上法座)

云居宏觉禅师云："门里出身则易、身里出门则难。动则埋身千尺、不动则当处生苗。一言逈脱。"在座的大众说一下，一言逈脱之道理。

(时，大众中间有一位一喝)

这一喝对的是哪里？

(再一喝)

前面一喝和后面一喝是否是同样的道理？

(大众无语)

喝！

这一喝是活埋的喝

喝！

这一喝是让活埋的人出来的喝。
如此分明之中使用喝才行。
明白吗？

(下了法座。)

(登上法座)

燕子在线上悠闲
天空是湛蓝

此中去而未曾去，来而未曾来，如同水中倒影的月亮；有也
未曾有，无也未曾无，如同梦中的天地万物。明白吗？
古话说，骏马只看到鞭子的影子就能跑千里。

风磬声…

佛陀和祖师回光返照的地方，即使十方如是眼中的事情，也
要把踩在栏杆上的脚拿掉，才能称得上是大丈夫。

(拄杖敲打一次法床后下了法座。)

21

(登上法座)

　墙上的蔷薇在泄露三世诸佛和历代祖师的秘密，在座的各位
正在听吗？
　可惜啊！
　岂止是墙上的蔷薇在泄露？一个石头、一片叶子、没有一个
不在泄露。
　再一次明示的这一句，希望能成为各位的清凉剂。

　眼前的鼻子有点高，背后的墙站的直。

　这里有十方同聚会的道理，希望认真参究后回来。

　(下了法座。)

22

(登上法座)

什么是祖师西来意？

蜡烛之间香烟如丝。

在这里能开悟，则日后不被佛陀和祖师的舌尖上戏弄，如若不然，不能不说可惜呀。

　飞翔的白鹤呼唤伴侣
　白沙滩上的空舟比极静还要安静
　这里忽然开悟无所得
　知道当初已经在空门而微笑

明白吗？

(沉默片刻后，见大众无语)

因为这样，没有动的佛陀出现了过错，没有因缘的菩萨们泪流成海。

喝！

(拄杖敲打两次法床后下了法座。)

23

(登上法座，举起新年挂历明示)

这个挂历在诉说着什么？

(大众无语)

世上的人说辞旧迎新。
　不过，如果是此宗门下人，应该说，挂历毫无保留的明示了，来而无来，去而无去的道理才行。

呵！

(下了法座。)

24

(登上法座)

　如果知道众生所说的相即是非相，不动纤毫许你亲见了三世诸佛、历代祖师和天下大德。明白吗？

　没有分别的观中没有里外，没有里外的观中没有来去，没有来去的观中没有生死，没有生死的观中没有另外的苦海和净土。

　没有另外的六道苦海和净土极乐世界的地方，怎么会需要佛法呢！

　不需要佛法的这里，无等山是劫外的春光，喜欢鲜花而唱歌跳舞，岂能不是大丈夫的真正风流呢。

　(下了法座。)

(登上法座，默然明示)

仰山禅师参东寺禅师，东寺禅师问：
"你是哪里人？"
"广南人。"
"我听说广南有个镇海明珠，是否拿来？"
"拿来了。"
"让老僧看看。"
仰山禅师叉手近前说：
"昨天到沩山，仍在寻找此珠，实在是无言可对，无理可伸。"

对此东寺禅师极赞，如果我要向各位索要，你们该怎么办？

(大众无语)

呵！

(下了法座。)

(登上法座，沉默片刻后)

临济禅师登上法座，竖起了佛尘。这是什么道理？
明白的人说一下看看。

(沉默片刻后)

真是没有瑕疵的明示了。如是没有前后通身明示的，这个慈
悲的极致，谁会明白？
想要知道吗？

天蓝地黑。

在这里悟出，许你是彻观[4]菩萨。

(拄杖敲打两次法床后下了法座。)

---

4) 彻观：通过观契入自性。

27

(登上法座
举起拄杖
横着示人
敲打法床后)

此处是宝庄严国土。

这里的百姓，全部入在一朵莲花里而没有挂碍，一朵莲花里的各位入在一切莲花里而自在。

想看此佛国土清静的庄严吗？

云中电闪
檐下白水沤壮观
小猫在屋里伸懒腰

(下了法座。)

(登上法座)

喝！

此中，十方世界也是熔炉里的一片雪。

此法如是分明而没有秘密，如同无边山谷中无色之光在转动，是三世诸佛和历代祖师尽享的福和乐。

(微笑着下了法座。)

29

(登上法座，默然明示
拄杖横着举起
敲打一次)

说知道也是 一棒，说不知道也是一棒，各位会怎么办？

(沉默片刻后)

寒山东岭喊
拾得西岭答
中间丰干在起舞

(下了法座。)

(登上法座)

今天我要用歌唱我这段时间的一首诗来代替法门，希望大家
一起陶醉一下。

我的生活

听到松风转身后
有情和无情都消除了
忽有一日开始了无心镜子一般的生活
不知不觉耳鬓已斑白
豪饮春酒大醉的日子
大家一起唱的歌
一曲是太平歌
一曲是一喝
哈 哈 哈

(下了法座。)

(登上法座)

　以前在多宝寺的时候，此人刚登上法座，月抱和尚出来问
我："什么是大？"当时我就反问："什么是小？"
　月抱和尚惶恐的站在那儿，我就给了一喝。
　如果是各位，假如问："什么是小？"，该怎么回答？

(大众无语)

喝！

(下了法座。)

(登上法座)

南山的枫叶红又红，北山的初雪白又白。

明白吗？
开口之前彻悟者，许你是最上乘，说完了以后彻悟者，许你
是大乘，长时间参究后渐悟者，许你是中乘。
不过如是修行的话，究竟的境地上有什么次第呢，最后再说
一下。

谁要问佛法根本大义，即刻指向金色木佛。

(拄杖敲打两次法床后下了法座。)

33

(登上法座，默然明示)

什么是即便超越也没有所谓超越的道理？

(沉默片刻后)

此宗门下要透得祖师关才行。

(敲打两次法床)

呵！

(下了法座。)

(登上法座)

闪电在空中闪烁，檐下水沤壮观。

古佛也如是了事，今佛也如是了事。
佛法如果追境界，历经万劫也不可知。

(拄杖敲打三次法床后下了法座。)

(登上法座，默然明示)

这就是摩诃般若之实体
玄妙悟道之光明
临济会上普化的行为
独自露出的寒山的笑容

哈。
哈。
哈。

(下了法座。)

(登山法座)

是什么？

当"是什么？"吞掉了四方，吞掉了眼和耳，甚至连心也吞掉时，谁要问的话，会说"忽然啄壳的鸡打鸣，当初却没有脱的壳。"

这个时候才是真正的大丈夫。不管是参究什么公案，对所参究的公案没有彻头彻尾的契入，岂能期待悟道之日？

(举起拄杖明示)

刚才举起来明示的拄杖，跟云门禅师的干屎橛一样，还是不一样？

(拄杖敲打一下法床后)

这一声音，毫无保留的说破了一万个公案，大众可曾明白？

期待后期。

(下了法座。)

(登上法座)

曹山禅师问德上座："菩萨在定闻香象渡河。出甚么经。"
大众说一下看看？

(大众无语)

如果谁要问我以上的问题，我就说："此经。"

如果又问，"此经是什么经？"我就说："木桩。"

(下了法座。)

(登上法座，默然明示)

　虽然把三千大千世界消除的无痕迹，但是此中的一切有情和无情连做梦都不知道这个。

(拄杖敲打一次法床后)

　虽然把三千大千世界恢复到本来位置，但是此中的一切有情和无情，仍然连做梦都不知道这个。这是什么道理？

(大众无语)

　火药菩萨火中击的鼓
　玉帝释腾云跳的舞
　泥罗汉水中的神通

(下了法座。)

39

(登上法座，用拄杖画了圆相)

古代禅师们说"入也打，不入也打"，快点说一下。
正确回答的人，会在没有南北的宫殿里，如是分明的行天下
一切事情，这是出来了呢，还是没出来呢？

(拄杖敲打一次法床后，下了法座。)

(登上法座，默然明示)

屋檐下的风磬让我从法座中下来。

屋檐下的风磬声充满无边之身
无边之身如是看风磬声
寂静的此乐有谁能比

(一边哈哈大笑，一边下了法座。)

(登上法座)

此宗门下的人一直在说，心被境界染污成了众生而生死无尽。因此今天我想用观音菩萨的甘露水和临济的棒，洗一下衣服。

(拄杖敲打一次法床后，默默地超越言行明示)

飘落的樱花是雪片，坐具上的竹篦安静。

今天这样洗完衣服了，说一下这个清洁。

(沉默片刻后)

只会看自己鼻尖的盲人实在是太多，所以佛菩萨们的痛哭声遍满了宇宙。

(拄杖敲打三次法床后下了法座。)

(登上法座)

襄州高亭简禅师，初隔江见德山禅师后合掌行礼。德山禅师用手中的扇子做了打招呼的样子，高亭简禅师忽开悟，乃横趋而去更不回顾。

大众说一下，今天在这里看见了什么？悟出了什么？

(大众无语)

追境界的人会越来越远，通过境界悟出自性的人会露出迦叶的微笑。

(下了法座。)

(登上法座，竖举拄杖，沉默片刻后)

家产全部拿出来明示了，大众中间有没有明白的人？
如果有，请说一下这个境地。

(大众无语)

大千世界进入到一粒微尘里而不壅塞，一粒微尘填满大千世界里而不缺失，此一念即三世，三世即此一念的如是境地中，无不庄严。
佛陀在三处明示的三昧只是这个。

(下了法座。)

(登上法座)

在座的诸位大德们，本然的此身如是没有里外，有形和无形的大小一切都是此身无法测量的能力之产物。此身不会因人而增减。

大德们，各位的此身，如是非有常亦非无常。过去、现在、未来，只是名字而已，在这里岂能有来去之相？

如果还觉得不明白，就看看这个拳头吧。

大德们，如果对这个道理还不分明，再看看这个拳头的述说吧。

(先握起拳头明示，然后拍手)

不要做追光追声的那种愚昧的行为，希望如是的本身能成为法王宫的快乐。

最后，想说又不能说，想明示又不能明示的这个，就用掌声来代替吧。

(拍手一次后下了法座。)

(登上法座)

有一天，有位僧人过来问我："什么事岩头末后句？"
我回答："末后句…。还有这种话？"然后大笑了三声。
大众对这个道理各自评一下。

(大众无语，下了法座回到房间。)

(登上法座)

云岩禅师涅盘后，弟子洞山禅师供奉云岩禅师真影，有僧人过来问洞山禅师："以前云岩禅师健在的时候，因僧问云岩禅师'百年后谁要问禅师的真面目，该怎么说呢？'云岩禅师良久曰'只这个是'，这是什么意思呢？未审云岩禅师还知有也无？"

对此洞山禅师说："若不知有　争解恁麼道？"，沉默片刻后又说："若知有　争肯恁麼道？"

这两句话露出了洞山禅师的全部家产，如果让大众说一下洞山禅师的家产，你们会怎么说呢？

(大众无语)

'若不知有　争解恁麼道？'，这是如同百年狐狸不留痕迹的往来，却留下了味道；'若知有　争肯恁麼道'，这是如同百年狐狸连味道也没有的往来自在。

(一边哈哈大笑，一边下了法座。)

(登上法座)

云门禅师云："火焰为三世诸佛说法。三世诸佛立地听。"
大众说一下，三世诸佛立地之处。

(大众无语)

呵！

(下了法座。)

48

(登上法座)

在座的诸位大德们，佛法本来如是，不说时间和空间，不说
生和死，亦不说真和假。

诸位大德们！

如是故，禅不是修。禅也不是得。禅也不是成就。禅就是如
是的本然。

诸位大德们！

如若未然，好好看看正在述说的那个窗户。不犯追光之愚昧
的事情，言下就能悟道。因此怎么能说是修而得，又怎么能说
是失而复得呢？

滚落的树叶止于庭院
太阳在头上明亮

(竹篦敲打一次后下了法座。)

(登上法座)

法堂后山的黄莺
比我提前说完了

(下了法座。)

(登上法座，默然明示后)

运转无边如是故空寂的明亮之光就是大圆镜智。
谁到了这个境地，就出来说一下实证的体验。

(大众无语)

明王不下御床
如是尽享日常
应万事而无缺
而始终如是

(下了法座。)

附录1

21世纪，
人类要做的事情

21世纪，人类要做的事情

1962年，年仅26岁的我已经预见了21世纪人类即将要面临的公害问题和能源问题，并开始研究和开发代替能源（无限原动机、太阳能、波能、风能等等）和庭院农家法，而且也把这方面的必要性传播给周围的人。

也许当时太超前的原因，一般人根本不接受这个想法，甚至有的人还怀疑此人的佛法。但是到了现在，当时预见的事情成了现代社会最迫切需要解决的问题。

设立《沙漠化防止国际连带》[5]也是让大家引起共鸣。沙漠化防止是当前必须要解决的环境问题，也是拯救地球村的义不容辞的事情。《沙漠化防止国际连带》带头促进的沙漠化防止，地球草原化，代替能源开发是全人类同舟共济的事情。

第一件事情是关于沙漠化防止方面。众所周知，之前人们投入大量的人力、物力、财力实行"种树工程"治理沙漠是以失败

---

5) International Union to Prevent Desertification (IUPD).

而告终的。

因此本人在沙漠化防止的问题上提出了另外一种解决的方案。这就是《沙漠海水路工程》。

其原理是，在沙漠化的地方铺设管道，引海水以后种植抗盐分很强的植物，使其复原自然生态。

之前《种树工程》失败的最终原因还是绝对的缺水，所以本人提出的这个方案就是解决这方面问题的唯一的方法。

但是《沙漠化防止国际连带》的目的是防止沙漠的扩张，并不是消除所有的沙漠。如同人体心脏，是把所有的血液均匀的输送到各个部位一样，沙漠也像地球的心脏，起着重要作用。

因此21世纪，人类不仅防止沙漠的扩张，更应该研究怎样运用沙漠。

沙漠中铺设像围棋盘一样的，能控制水量的特殊管道。不管东、西、南、北，不管需要多少水量，需要多少面积，都可以控制它的降雨量。只有这样科学的方法来操作，才能把21世纪的地球村耕耘的更加美丽富饶。

第二件事情是关于地球草原化方面。通过三年的不断试验和研究终于找出了不需要太多精力、财力、物力也能把荒地短时间之内变成草原的一种植物。

这个植物就是"垂盆草"。这种植物不需要一颗一颗单独种植，而是用直升机或者专用飞机从空中撒出去，它也能靠它顽强的生命力扎根，生存。而且这种植物又能抗寒耐暑并有很强的繁殖力。

必将对绿化地球环境起着很重要的作用。

第三件事情是关于能源方面。本人从1962年就开始研究和开发代替能源，比如太阳能、波能、风能等等。现在很多本人提出过的方法正在应用当中。

这三件事情不是某个个人或某个国家完成的事情，应该动员全世界一起完成。首先从全世界设立一个共同基金，然后参加这个基金的国家通过这方面的系统直接受惠。

如果全世界的人们同舟共济一同完成这项计划，那么人类将会迎来有史以来最好的时代，认为事不关己互相推脱，那么这个世界定会面临非常可怕的灾难。

另外进入21世纪后，为了以防万一人类还需要研究的是，能够在大海里生活、耕耘。

当地球的温度不断的上升，空气的污染越来越严重，海水的高度也越来越高，人类居住的面积越来越小的时候，我们应该考虑和研究能在水中生存的技能。这项技术的研究，远比人类跑到另外一个星球生活更加现实，而且研究的费用也应该更加低廉。

如此这般，真正悟道的人应该是从理边上引导众生，让他们永生不灭，事边上比平常人更应该远瞻数百年，数千年引导他们才对。因为佛法的真正意义不能仅限于传授真理，更应该是为万人永乐而物心两面，理事一如的教化才行。

附录2

大圆文载贤传法禅师印可来历

大圆文载贤传法禅师印可来历

第一 悟道颂

此身运转是何物
疑端汩没三夏来
松头吹风其一声
忽然大事一时了

何谓青天何谓地
当体清净无边外
无内外中应如是
小分取舍全然无

一日于十有二时
悉皆思量之分别

古佛未生前消息

闻者即信不疑谁

　既是大圆文载贤传法禅师的恩师也是佛祖正脉的第77祖，曹
溪宗的田冈大禅师1962年任大邱桐华寺祖室[6]的时候，大圆文载
贤禅师也一同住在了桐华寺。

　一日，田冈大禅师把大圆禅师叫到跟前说了关于大圆禅师第
一悟道颂的想法："你的悟道颂可以证明真悟，但是一般的悟道
颂都是短的。"

　听了这句话后，大圆禅师背出了曾经路过金堤平野时，看到
夕阳的日月后立刻背过的第二悟道颂。

第二　悟道颂

日月两岭载同模

金提平野满秋色

不立大千之名字

夕阳道路人去来

　听完第二悟道颂的田冈大禅师没有至此停留，继续问，能否

---

6) 寺院里的最高佛法者。田冈大禅师不仅是一位祖室还是传承了佛陀悟道之法的祖
　师。

当场背一首同样境地的颂。大圆禅师当下背起了下一首颂。

　　岩上在松风
　　山下飞黄鸟
　　大千无痕迹
　　月夜乱猿啼

　　听到头两句还是微微闭上眼睛的田冈大禅师，当听完后两句以后立刻睁开眼睛，脸上露出了喜悦之色。

　　但是田冈大禅师仍然没有就此止步的意思，继续问了下一个问题："僧众们把你叫到山上，其中法性(香谷和尚的法弟子真际)问你'达摩不识'的道理时，你说'露了'。如果你是当时的梁武帝，面对达摩大师的'不识'。你会怎么回答呢?"

　　大圆禅师回答说："如果我是梁武帝就说虽然所谓的圣人也没有，跟朕如是共享德华岂不更好?并会牵着他的手站起来。"

　　田冈大禅师非常感慨的说："何时达到了如此境地?"

　　"岂能说是达到? 岂能说是具备? 又岂能说是本来? 只是如是而已。"

　　听完大圆禅师的回答，田冈大禅师难以掩饰欢喜之情。两人如同伯牙见到了钟子期[7]一样，喜气洋洋。

---

7) 伯牙是古代中国瑶琴的达人，是著名的瑶琴演奏家。但是真正能理解他的音乐的人只有好朋友－钟子期。钟子期死后，伯牙断琴弦再也没有演奏瑶琴。

关于"达摩不识"公案[8]的问答是有过一段插曲的。被田冈大禅师召唤前几天的晚上，正值入禅时间，奇怪的是，禅房里除了几位老僧外，其他位子都是空空如也。

大圆禅师正在纳闷，门外有个僧侣悄悄做了一个出来的手势，然后对着耳朵说大部分的僧侣们都在后山上等着，叫他一起去，大圆禅师跟着年轻的僧侣进了山，来到山中一看，大概有20多位僧侣站在那儿等大圆禅师。

其中一位法性僧侣见到大圆禅师后，突然发问起来。

"说一下达摩不识公案。"

大圆禅师毫不犹豫的回答：

"露了。"

旁边的松庵和尚又问了岸树井藤公案。

"在这里，怎样才能活下来？"

大圆禅师立刻大声说：

"岸 树 井 藤。"

看到众僧侣都缄口无言，大圆禅师回头下了山。

第二天早饭结束后，明虚和尚把昨天晚上入禅时间无端旷课的事情开了大众会议，致使山中发生的事件才水落石出。

最终，入禅时间里旷课的僧侣们都穿着长衫，郑重的给田冈大禅师磕头谢罪。

田冈大禅师彻底验证了大圆禅师对"达摩不识"公案时所答的

---

8) 公案：话头。为了悟道，禅师的明示。提出疑问後让人们参究。

境地。

有了这种彻底验证的第二天，大圆禅师被田冈大禅师召唤过去，当时月山住持和尚也在场。在这种情况下田冈大禅师直接把传法偈传给了大圆禅师。

传法偈

佛祖未曾传
我亦何受授
此法二千年
广度天下人

田冈大禅师还让月山和尚当了印可[9]的证人，并叮嘱一直到2000年为止，不许让别人知道，如果不这样做，在以后的传法中会遇到很多的障碍。并说一定要注意身体，命令月山和尚让大圆禅师去桐华寺的布教堂-普贤寺去效力于布教上。

虽然把大圆禅师叫到山上问答过的众僧们都磕头谢罪过了，但田冈大禅师还是担心大圆禅师。所以急忙把结制中的大圆禅师送到普贤寺去了。

大圆禅师去普贤寺的当天，田冈大禅师把提前写好的付颂传

---

9) 印可：传承佛陀正脉之法的老师正式的印证弟子的悟道。

给了大圆禅师。付颂如下：

付 颂

不下御床对如是
后日石儿吹无孔
自此佛法满天下

以上偈颂里的第一句"不下御床对如是"也有小插曲。
以前大圆禅师拜田冈大禅师于郡山隐寂寺的时候，一天在庭院里不期而遇，有过以下的问答。
田冈大禅师问：
"道一下空寂的灵知。"
大圆禅师回答说：
"如是跟禅师对谈。"
"道一下灵知的空寂。"
"跟禅师对谈是如是。"
"什么是如是对谈之境地？"
"明王不下御床通天下。"
所以把大圆禅师这时回答时的境地，放在了付颂的第一句。
纵观田冈大禅师在印可大圆禅师的整个过程，一次，两次，三次，不停的确认，验证。不得不让我们佩服一代宗师的明眼智慧，又不得不赞叹大圆传法禅师至始至终，没有丝毫的犹豫而明澈的回答。

两位禅师以法喜建起的境地仿佛就在眼前，让大家无不欢喜雀跃。

至此跟田冈大禅师约定的2000年代已经到来，所以在这里大圆文载贤传法禅师明示了从田冈大禅师那里传承下来的传法偈。

至此，镜虚、万空、田冈大禅师延续下来的近代正法火种，如田冈大禅师的预言，定将在这时代布满全天下。

불조정맥
Dharma Lineage of the Buddha and Patriarchs
佛祖正脉

불조정맥 / Dharma Lineage of the Buddha and Patriarchs / 佛祖正脉

인 도	India	印 度
교조 석가모니불	Sakyamuni Buddha	教祖 释迦牟尼佛
1조 마하가섭	1st Mahakasyapa	1祖 摩诃迦叶
2조 아난다	2nd Ananda	2祖 阿难陀
3조 상나화수	3rd Sanakavasa	3祖 商那和修
4조 우바국다	4th Upagupta	4祖 优波鞠多
5조 제다가	5th Dhritaka	5祖 堤多迦
6조 미차가	6th Michaka	6祖 弥遮迦
7조 바수밀	7th Vasumitra	7祖 婆须密
8조 불타난제	8th Buddhanandi	8祖 佛陀难提
9조 복타밀다	9th Buddhamitra	9祖 伏驮密多
10조 파율습박(협)	10th Parsva(Xie)	10祖 波栗湿缚(胁)
11조 부나야사	11th Punyayasas	11祖 富那夜奢
12조 아나보리(마명)	12th Asvaghosa(Maming)	12祖 阿那菩提(马鸣)
13조 가비마라	13th Kapimala	13祖 迦毗摩罗

14조 나가르주나(용수)	14th Nagarjuna(Longshu)	14祖 那阙罗树那(龙树)
15조 가나제바	15th Kanadeva	15祖 迦那堤波
16조 라후라타	16th Rahulata	16祖 罗睺罗陀
17조 승가난제	17th Sanghanandi	17祖 僧伽难提
18조 가야사다	18th Gayasata	18祖 迦耶舍多
19조 구마라다	19th Kumarata	19祖 鸠摩罗多
20조 사야다	20th Jayata	20祖 闍夜多
21조 바수반두	21st Vasubandhu	21祖 婆修盘头
22조 마노라	22nd Manorhita	22祖 摩拿罗
23조 학륵나	23rd Haklenayasas	23祖 鹤勒那
24조 사자보리	24th Aryasimha	24祖 师子菩堤
25조 바사사다	25th Basiasita	25祖 婆舍斯多
26조 불여밀다	26th Punyamitra	26祖 不如密多
27조 반야다라	27th Prajnatara	27祖 般若多罗
28조 보리달마	28th Bodhidharma	28祖 菩堤达摩

✿ 중 국	✿ China	✿ 中 国
29조 신광 혜가	29th Shenguang Huike	29祖 神光 慧可
30조 감지 승찬	30th Jianzhi Sengcan	30祖 鉴智 僧璨
31조 대의 도신	31st Dayi Daoxin	31祖 大医 道信
32조 대만 홍인	32nd Daman Hongren	32祖 大满 弘忍
33조 대감 혜능	33rd Dajian Huineng	33祖 大鉴 慧能

34조 남악 회양	34th Nanyue Huairang	34祖 南岳 怀让
35조 마조 도일	35th Mazu Daoyi	35祖 马祖 道一
36조 백장 회해	36th Baizhang Huaihai	36祖 百丈 怀海
37조 황벽 희운	37th Huangpi Xiyun	37祖 黃檗 希云
38조 임제 의현	38th Linji Yixuan	38祖 临济 义玄
39조 흥화 존장	39th Xinghua Cunjiang	39祖 兴化 存奖
40조 남원 혜옹	40th Nanyuan Huiyong	40祖 南院 慧顒
41조 풍혈 연소	41st Fengxue Yanzhao	41祖 风穴 延沼
42조 수산 성념	42nd Shoushan Shengnian	42祖 首山 省念
43조 분양 선소	43rd Fenyang Shanzhao	43祖 汾阳 善昭
44조 자명 초원	44th Ciming Chuyuan	44祖 慈明 楚圆
45조 양기 방회	45th Yangqi Fanghui	45祖 杨岐 方会
46조 백운 수단	46th Baiyun Shouduan	46祖 白云 守端
47조 오조 법연	47th Wuzu Fayan	47祖 五祖 法演
48조 원오 극근	48th Yuanwu Keqin	48祖 圆悟 克勤
49조 호구 소륭	49th Huqiu Shaolong	49祖 虎丘 绍隆
50조 응암 담화	50th Yingan Tanhua	50祖 应庵 昙华
51조 밀암 함걸	51st Mian Xianjie	51祖 密庵 咸杰
52조 파암 조선	52nd Poan Zuxian	52祖 破庵 祖先
53조 무준 사범	53rd Wuzhun Shifan	53祖 无准 师范
54조 설암 혜랑	54th Xueyan Huilang	54祖 雪岩 慧郎
55조 급암 종신	55th Jian Zongxin	55祖 及庵 宗信
56조 석옥 청공	56th Shiwu Qinggong	56祖 石屋 清珙

한 국	Korea	韩 国
57조 태고 보우	57th TaeGo BoU	57祖 太古 普愚
58조 환암 혼수	58th HwanAm HonSu	58祖 幻庵 混修
59조 구곡 각운	59th GuGok GagUn	59祖 龟谷 觉云
60조 벽계 정심	60th ByeokGye JeongSim	60祖 碧溪 净心
61조 벽송 지엄	61st ByeokSong JiEom	61祖 碧松 智俨
62조 부용 영관	62nd BuYong YeongGwan	62祖 芙蓉 灵观
63조 청허 휴정	63rd CheongHeo HyuJeong	63祖 清虚 休静
64조 편양 언기	64th PyeonYang EonGi	64祖 鞭羊 彦机
65조 풍담 의심	65th PungDam UiSim	65祖 枫潭 义谌
66조 월담 설제	66th WolDam SeolJe	66祖 月潭 雪霁
67조 환성 지안	67th HwanSeong JiAn	67祖 唤醒 志安
68조 호암 체정	68th HoAm CheJeong	68祖 虎岩 体净
69조 청봉 거안	69th CheongBong GeoAn	69祖 青峰 巨岸
70조 율봉 청고	70th YulBong CheongGo	70祖 栗峰 青杲
71조 금허 법첨	71st GeumHeo BeopCheom	71祖 锦虚 法沾
72조 용암 혜언	72nd YongAm HyeEon	72祖 龙岩 慧言
73조 영월 봉율	73rd YeongWol BongYul	73祖 咏月 奉律
74조 만화 보선	74th ManHwa BoSeon	74祖 万化 普善
75조 경허 성우	75th GyeongHeo SeongU	75祖 镜虚 惺牛
76조 만공 월면	76th ManGong WolMyeon	76祖 满空 月面
77조 전강 영신	77th JeonGang YeongSin	77祖 田冈 永信
78대 대원 문재현	78th DaeWon Moon JaeHyeon	78代 大圆 文载贤

가슴으로 부르는 불심의 노래
Songs of Devotion
佛心之歌

여기에 실린 것들은 모두 대원 문재현 선사님께서 직접 작사하신 곡들이다. 수행의 길로 들어서게끔 신심, 발심을 북돋아주는 곡으로부터 수행의 길로 접어든 이의 구도의 몸부림이 담겨있는 곡, 대승의 원력을 발해서 교화하는 보살의 자비심과 함께 낙원세계를 누리는 풍류를 그려놓은 곡까지 가사 한마디, 한마디가 생생하여 그 뜻이 뼛속 깊이 새겨지고 그 멋에 흠뻑 취하게 된다. 대원 문재현 선사님께서는 거칠고 말초적인 요즘의 노래를 듣고 이러한 정서를 순화시키고자, 또한 수행의 마음을 진작시키고자 하는 뜻에서 이 곡들을 작사하셨다.

The lyrics of all the following songs were composed by Zen Master DaeWon. The songs arouse devotion and faith to get into the way of practice, contain the exertion of seeking the Truth, describe Bodhisattvas' mercy on all beings and show the stage of enjoying bliss. The songs will give people vivid impressions and entertainment which provocative and superficial songs from popular culture cannot contain. Zen Master DaeWon hopes that all listeners' minds can be purified, so that they would enter the road to enlightenment and be encouraged to keep going.

这里面的歌都是大圆文载贤禅师亲自作词的歌曲。有刚踏上修行之路的人给与发心、信心的歌曲，有正在修行路上求道艰辛的歌曲，有发出大乘的愿力教化的歌曲，有一起享有大自在的歌曲，每一句都是那么生动，那么让人陶醉。大圆文载贤禅师听了近来粗糙而轻浮的歌曲后为了稳定情绪和鼓励修行的心灵而写了这些歌词。

소중한 삶

작사 문재현
작곡 배신영
노래 홍노경

 Precious Life

1. Making most of the precious days
   If we live, spreading love
   Life is not all sorrow.
   If in harmony, with a pleasant gaze and tender words
   to overcome troubles encouragement we give
   a promise for better days to come.

2. Eternal happiness, the Dharma of the Buddha
   working to restore
   Certain for a brighter life, a better day.
   If, embracing one another with a peaceful heart and happy words
   to live a more pious life we work
   a promise for eternal happiness in days to come.

 宝贵的人生

1. 珍惜宝贵的日子
   付出慈爱而生活
   人生不仅仅是苦海
   温暖的眼神温柔的语言融在一起
   彼此激励中克服困难的人生
   岂不是约定善业、好日子吗

2. 佛法是为了恢复永恒和
   幸福的人生而努力的路
   我们的人生前途会光明的
   善良的心善良的语言来包容
   生活中实践佛法
   岂不是约定永恒幸福的人生吗

염원의 노래

작사 문재현
작곡 배신영
노래 홍노경

느리게

가 - 그 언젠 - 가 내 살던 이곳이 - 잡 -
노을 빛 속에 눈 감고서 서 - 덧 -

초에 덮였으 니 연 - 못 과 누대는 어디메냐 - 짙은
없는 - 인생사 - 를 깨 - 워

주 리 라 맹 세 하 네 사 람과 사람마다 - 영 원 한 한 물 건 -
꽃 피 어 화려함은 - 우 리 님 맘 이 요 -

본 래 에 지 녔 으 니 - 모 래 알진주를이 루 듯 이 오 늘 의 고 뇌 를 - 미 -
곳 곳 의 화 평 함 은 - 우 리 님 억 겁 의 서 원 이 라 우 주 법계 모두 가 성 -

소 로 인 고 하 며 보 - 배 를 이 - 뤄 가 는 희망
품 의 - 낙 원 거 - 룩 한 소 원 성 취 노 래

으 로 살 아 가 세
로 써 불 려 져 라

Fine

270

 Song of Yearning

In the past, the distant past, the place I lived is covered with weeds
the pond and gazebo nowhere to be seen.
I close my eyes as the sun sets red
and promise to awake this transient life.

The one Eternal Thing that all people have
The sand in an oyster becomes a pearl
so the smile which bears our troubles does
Let us live with this hope that this becomes our prize.

The blossoming flowers is the heart of the Buddha
peace in everyplace is his eternal vow.
Everywhere in the universe is the paradise of our mind
Let us sing the song of this holy wish.

 念愿歌

何时不知是何时我生活的这地方
被杂草掩盖的莲花池和楼台在何处啊
闭上眼睛站在深深的晚霞中
发誓叫醒众生们虚幻的人生

永恒的一物是每个人都本来持有的
沙粒变成珍珠一样
以微笑忍耐今天的苦恼
成就宝贝的希望生活吧

开花华丽是佛陀的心
各地的和平是佛陀万劫的誓愿
宇宙法界一切是本性的乐园
以歌声传承神圣的愿望成就

발 심 가

작사 문재현
작곡 배신영
노래 홍노경

보사노바

우 리 네 한 세 상 －　　보람찬 삶 － 으로 －
참 나 를 깨 달 아 －　　보 림 을 하 － 고 요 －
본 － 연 － 한 몸 의 －　　능 력 을 베 － 풀 어 －
눈 － 깜 박 하 는 새 －　　한 세 상 다 － 가 고 －

바 꾸 기 위 － 하 여 －　　닦 아 들 봅 － 시 다 －
자 비 심 발 － 하 여 －　　구 제 길 나 － 서 서 －
극 － 락 세 － 계 －　　장 엄 을 하 － 구 요 －
부 귀 와 공 － 명 은 －　　잠 시 의 꿈 － 이 라 －

청 춘 － 홍 안 이 －　　얼 마 나 길 － 던 가 －
중 생 들 세 계 에 －　　고 통 을 없 － 애 어 －
둥 실 － 두 둥 실 －　　누 리 기 위 － 하 여 －
이 러 한 되 풀 이 －　　금 생 에 끝 － 내 어 －

꿈 꾸 는 사 － 이 에 －　　백 발 이 된 － 다 네 －
극 락 이 되 － 도 록 －　　최 선 을 다 － 하 세 －
오 늘 의 어 － 려 움 －　　극 복 을 해 － 내 세 －
윤 회 의 사 슬 에 서 －　　벗 어 나 납 － 시 다 －

1-2절 D.C
3-4절

272

 The Mind of the Tao

1. To change our life into that worthwhile
   for that end we practice and we try
   Just how long are those years of youth
   we awaken from a dream with grey hairs.

2. Awaken to True Self, cultivate over time
   put forth the heart of compassion, to save all beings
   take away the suffering in the world
   until the Pure land all effort let us put forth.

3. Spread the abilities of the Original Body
   Put forth the Pure Land
   to enjoy, walking on a cloud
   let us overcome the difficulties of today.

4. In the blink of an eye a life goes by
   Wealth and fame pass like a dream
   in this life put an end to this endless cycle
   let's break these chains of samsara.

 发心歌

1. 为了把我们的一生变成幸福美满的生活
   大家一起来修行吧
   青春的红颜有多长
   做梦之间就会成白发
3. 发挥本然之体的能力
   庄严极乐世界
   为了自由自在享有
   克服现在的困难吧

2. 悟出真我保任后
   发出慈悲心踏上救济的路
   消除众生界的一切痛苦
   使其成为极乐世界而付出一切吧
4. 一眨眼就过了这辈子
   富贵和功名也是短暂的梦
   这种重复今生了断
   轮回的锁链中解脱出来吧

보살의 마음

작사 문재현
작곡 배신영
노래 홍노경

느리게

파 - 도 에　실려 떠가 는　낙엽같이 살아가는 인 생 -

구 원 코 자 - 따라주 며　같이 하는 자 - 비 인 데 -

제 안 경 에　보 인 대 로　말 들 - 하 지 만 -
눈 이 멀 고　귀 가 먹 은　저 들 - 이 지 만 -

못 들 은 척 - 모 르 는 척　최 - 선　다 하 -　리
황 소 처 럼 - 지 장 처 럼　최 - 선　다 하 -　리

바 - 른 눈　바 - 른 맘　통 쾌 -　히 열 어 라 -
지 - 혜 눈　지 - 혜 맘　통 쾌 -　히 열 어 라 -

아 -　아　아 - 아　그 -　날 -　이
아 -　아　아 - 아　그 -　날 -　이

그 -　날 이　오 기 만 을　기 다 리 는 마 - 음 -
그 -　날 이　오 기 만 을　기 다 리 는 마 - 음 -

 Bodhisattva's Mind

1. Like a leaf carried by the stream, our life
   with the compassion only to save such
   people see what they want say what they want
   as if not listening, not worrying, only striving.
   Clearly open the correct eye, the honest heart
   The heart waiting for that day.

2. Life a leaf carried by the stream, our life
   with the compassion only to save such
   Though we are blind and deaf
   Like an ox, like an elephant with all the strength.
   Wisdom's eye, wisdom's heart open wide
   The heart waiting for that day.

 菩萨的心

1. 随波逐流的落叶一样的人生
   为了解救而一起跟随的慈悲
   各自的眼睛看什么说什么
   装听不见装不知道一样尽一切努力
   痛快的打开正眼正心吧
   啊~等待那一天的到来

2. 随波逐流的落叶一样的人生
   为了解救而一起跟随的慈悲
   虽然耳聋眼瞎的众生
   黄牛一样地藏一样尽一切努力
   痛快的打开慧眼 慧心吧
   啊~等待那一天的到来

성중성인 오셨네

(초파일노래)

작사 문재현
작곡 배신영
노래 홍노경

A Sage among Sages Comes

1. The eighth day of the fourth month
   Is the finest in the world
   A sage among sages, Sakyamuni Buddha
   The day he came to the world
   Suffering to peace
   Darkness into light
   The desire to change this for all
   The day this started
   There is no you nor me
   Let us all rejoice.
   Let us all rejoice.

2. The eighth day of the fourth month
   Is the finest in the world
   A sage among sages, Sakyamuni Buddha
   The day he came to the world
   The teaching to know oneself
   To spread it he came
   and perfect himself
   This world, just as it is
   Let's enjoy this paradise.
   Let's enjoy this paradise.

 圣中圣人到来了 (释迦牟尼诞生日歌)

1. 阴历四月初八是
   全宇宙的主宰者
   圣中圣人佛陀
   来到这片土地的日子
   悲伤变成乐园
   黑暗变成光明的
   这个夙愿开始的日子
   都一起庆祝吧
   都一起庆祝吧

2. 阴历四月初八是
   全宇宙的主宰者
   圣中圣人佛陀
   来到这片土地的日子
   为了让我们悟出本性
   来到了这里展开了教化
   成就自我完成后
   把这片土地本身
   成为乐园而享有吧 成为乐园而享有吧

우리네 삶, 고운 수로

작사 문재현
작곡 배신영
노래 채연희

Swing ♩ = 122

A

|G|Em|Am|D|

|G|C|D|G|D|

B Em ... Am

어리어리　어-우리　우리함께　사랑하며
어리어리　어-우리　남녀노소　식구처럼
어리어리　어-우리　남녀노소　식구처럼

G　C　C/D　G　C/D

어울려　노래와춤으로　　나-
어울려　나누는맘으로　　나-
어울려　나누는맘으로　　나-

Em ... Am

어리어리　　　어-우리
어리어리　　　어-우리
어리어리　　　어우리

G　Em　C　D　G 1.,2.　G 3.

우리네삶　고운수로　꾸며가세　세　Fine
우리네삶　고운수로　꾸며가세
우리네삶　고운수로　꾸며가세

278

 Let's Weave a Beautiful Life

1. Ohri, Ohri, Ohohri
   In love and harmony we sing and dance
   Ohri, Ohri, Ohohri
   Let's weave a beautiful life.

2. Ohri, Ohri, Ohohri
   Men and women all like family sharing
   Ohri, Ohri, Ohohri
   Let's weave a beautiful life.

 我们的人生编织成美丽的锦绣

1. 一起一起在一起
   我们大家互爱一起歌舞吧
   一起一起在一起
   我们的人生编织成美丽的锦绣吧

2. 一起一起在一起
   男女老少如同家人融在一起以分享的心
   一起一起在一起
   我们的人生编织成美丽的锦绣吧

사 색

작사 대원 문재현
작곡 배신영

조 용 - 히 눈 - 감 고 - 서   참 - 나 를 살 펴 - 봐 요
조 용 - 한 사 - 색 으 - 로   깨 - 달 아 살 펴 - 보 면

갖 은 생 각 모 든 행 이   이 로 좇 아 있 건 만 - 은
온 갖 지 혜 모 든 덕 이   이 로 좇 아 있 - 음 - 에

색 깔 도 모 양 도 없 어   알 - 고 파 서   사 색 일 세 모 든 걸 내 려 놓 고 -
그 능 력 베 풀 고 펼 쳐   누 - 리 려 고   수 행 일 세 모 두 를 다 비 우 고 -

쉬 는 시 간 사 색 으 로   한 걸 음 또 한 걸 음 다 가 서 는 노 력 다 해   기 어 이 성 취 하 여
님 의 자 취 따 름 으 로   한 걸 음 또 한 걸 음 극 락 세 계 다 가 서   기 어 이 성 취 하 여

낙 원 의 - 삶 - 누 리 려   네
너 나 없 - 이 - 누 려 보   세

280

 Contemplation

1. Close eyes and ponder True Self.
   All thoughts and deeds come from here
   with no forms, no colors but to know
   only contemplate.
   Put everything down, while resting ponder
   to reach this place, all efforts put forth
   to arrive in paradise, to live and enjoy.

2. Quietly contemplate, examine True Self.
   All wisdoms and virtue come from here
   The abilities a gift, to spread and enjoy
   only cultivate.
   Put everything down and follow in the steps of those before
   Step by step in the Pure land to arrive
   No self, no others simply One to enjoy.

 思索

1. 静静地闭上眼睛观真我吧
   各种念和一切行为都从这里开始
   却没模样没颜色因此想知道这个而思索
   放下一切在休息中的思索
   一步又一步想走近而精心努力
   一定要达到彼岸 享有乐园的人生

2. 静静地思索而悟道后观照
   一切智慧和所有的德从这里开始
   为了发挥这个能力并享受而修行
   空出一切 跟随您的踪迹
   一步又一步走近极乐世界
   一定要达到彼岸 你我都享有吧

천부경을 아시나요

작사 대원 문제현
작곡 배신영

우리조상 깊 — 은진리 천부경을아시나 요
바른진리 깨 — 달아서 이세상을바로봐 요

여든 — — 한 — 자속에누 리의 — 온이 — 치 — 를
마음 — — 의 능 — 력으로펼 쳐놓은장엄 — 이 — 라

남 김없이 — 담으셨 — 네 — 필부의사내 — 라 도
화 려하고 — 아름답 — 네 — 이땅인이대 — 로 가

마 음을 — 갈고닦 — 아 영원 한참 — 나 께 — 처
낙 원의 — 세계이 — 니 노래 와춤 — 으로 — 써

환 인 — 큰은혜에 보 답 — 해사 — 세
어 깨 — 동무하고 영 원 — 히사 — 세

 Do You Know *Cheonbugyeong*

1. Do you know *Cheonbugyeong*, the profound Truth of our ancestors?
   In eighty one letters the Truth of the universe can all be found within.
   Let us all cultivate our minds, and awaken True Self
   Ancestors debts repaid, we live in peace.

2. Awaken to the Truth then look at this world
   Through the abilities of mind the world unfolds in beauty.
   Paradise is this world, as it is
   Sing and dance in eternal harmony together, we live in peace.

 知道天符经吗

1. 知道祖先的深奥真理天符经吗
   81字涵盖了宇宙的一切道理
   即使是匹夫男儿也要修心悟出永恒的真我
   报答桓因的大恩惠中生活吧

2. 悟出真正的真理 正确的看这个世界吧
   心的能力展开的庄严，宏伟而美丽
   此土本身是乐园的世界
   歌舞为伴永恒的生活吧

우란분재일

작사 문재현
작곡 배신영
노래 채연희

Trot in4 (double beat) ♩ = 134

우 란분 재 맞-이 해 서 대자대비-부처-님 을
정 성어 린 마-음으 로 이고득락-비옵-나 니

이 자-리 에 청해모 셔 다생부모 왕생극 락
세 상-애 착 모두끊 고 부처님의 그세상 에

정 성다한맘입니 다 지혜짧아 못-미-쳐 서
나 시기만원합니 다 다생겁에 경-험-하 신

중 한은혜 입-고서 도 보은보 담 못하고 서
부 질없는 몸-종노 룻 그허망 을 떨침만 이

이 생까지 이-른것 을 머리-숙 여 부처님 께
윤 회고를 벗-어나 는 길이-오 니 그리되 길

참 회합 니 다 참 회-합니 다
비 옵나 이 다 비 옵-나이 다

Fine

284

 Ullambana[10]

1. On the day of Ullambana, the day to pay respects to Buddha,
   We pay our utmost respects to our ancestors and
   pray that all of those who have come before us,
   who have given birth to us, who we are indebted to,
   that they all may return to paradise.
   We cannot possibly repay these debts even if we gave our life.
   So with humility we bow our heads and repent of our shortcomings.

2. With this sincere heart we pray they may leave suffering
   and have peaceful bliss
   that worldly attachment may be released,
   that they may all be free
   Being enslaved to the body for countless kalpas,
   liberation is the only way to be freed from samsara.
   For this we pray.

---

10) Ullambana is a Buddhist ceremony that symbolizes the transferring of
one's own merit to the benefit of departed souls and this is done
through donations, prayer and ritual. The history of this ceremony
began when the mother of one of Buddha's disciples (the Venerable
Maudgalyayana) passed away. She committed many evil deeds and fell
into hell, but through the sincere devotion and prayer of the Venerable
Maudgalyayana, as well as through the power of Buddha's enlightenment,
she was rescued from the severe suffering. So it was said that on the
15th day of the 7th lunar month all of the Buddhas and Bodhisattvas all
together rescue the deceased, whose evil deeds have lead them into
suffering.

盂兰盆斋

1. 迎接盂兰盆斋之际，盛请大慈大悲的佛陀于此地
   为多生父母能往生极乐而虔诚祈祷
   虽然受到了重恩，因智慧短浅
   没有报恩报答之中来到了此生的这个错误
   低头向佛陀忏悔。忏悔。

2. 虔诚的心祈求离苦得乐
   断掉世间的一切执着，唯独许愿出生在佛陀的世界
   多生累劫中虚妄的身奴
   只有消除这个虚妄才是超脱轮回之苦
   祈愿成就。成就。

도서출판 문젠의 번역도서
Translation Series by Moonzen Press
Moonzen翻譯书籍

· 불조정맥(佛祖正脈) - 한영중 3개국어판

불조정맥은 석가모니불로부터 현 78대에 이르기까지 불조정맥진영(佛祖正脈眞影)과 정맥전법게(正脈傳法偈)를 온전하게 갖춘 최초의 불조정맥서이다. 대원 문재현 선사님이 다년간 수집, 정리하여 기도와 관조 끝에 완성한 '불조정맥'을 3개국어로 완역하였다.

· *Dharma Lineage of the Buddhas and Patriarchs*
– Korean · English · Chinese Edition

The Dharma Lineage of the Buddhas and Patriarchs is the first complete compilation of the portraits and Dharma Transmission Gathas of all the Buddhas and Patriarchs from Sakyamuni Buddha to the 78th Patriarch. Collected and compiled over many years and completed through meditation and prayer by Zen Master DaeWon Moon JaeHyeon. It is a significant book that will help people all over the world to appreciate the quintessence of Buddhist Dharma and feel the essence of the Buddhas and Patriarchs.

· 佛祖正脉 - 韩英中3国语版

《佛祖正脉》是从教主释迦牟尼到现第78代为止，把佛祖正脉真影和正脉传法偈保存的最完整的一本书。是大圆文载贤禅师多年的搜集整理，及观行和祈祷之下所完成。

288

· 백팔진참회문(百八眞懺悔文) – 한영중 3개국어판

'백팔진참회문'은 부처님의 십계를 위주로 구성한 108 항목의 참회문이다. 모든 이들이 108참회문을 통해 108참회를 하여 전생과 금생의 모든 악연을 벗어나 소망하는 삶을 살고 구경에 성불하기를 바라는 뜻에서 대원 문재현 선사님이 찬술하였다.

· *The 108 Recitations of Repentance*
— Korean - English - Chinese Edition

The 108 Recitations of Repentance is the recitations of the 108 prayers which are based on the Ten Precepts of the Buddha, written by Zen Master DaeWon Moon JaeHyeon. Through the 108 recitations, all people may become free from the harmful affinities of the past and present lives and attain supreme Buddhahood through practicing *the 108 Recitations of Repentance.*

· 108真忏悔文 – 韓英中3国語版
《108真忏悔文》主要以佛的十戒为主来构成。
衷心的希望诸位通过诵读《108真忏悔文》消除前生所有的恶缘后，心想事成，功德无量终究成佛。这就是大圆文载贤禅师编撰的目的。

· 화두(話頭) – 한영중 3개국어판

『화두』는 대원 문재현 선사의 평생 선문답
의 결정판이다. 생생하게 살아있는 선(禪)
을 한·영·중 3개국어로 만날 수 있다.

· *Hwadu* – Korean - English - Chinese Edition

Hwadu is the most authoritative edition of Zen questions and
answers by *JeonBeop* Zen Master DaeWon Moon JaeHyeon.
Through *Hwadu* one may encounter the living Zen of the
Korean Buddhism.

· 话头 – 韓英中3国語版

《话头》是大圆文载贤禅师平生禅问答的精简版。通过《话头》能看
到, 活灵活现的韩国禅。

· 실증설(實證說) – 한영불서중 5개국어판

대원 문재현 선사가 2010년 2월 14일 구
정을 맞이하여 불자들에게 불법의 참뜻을
보이기 위해 홀연히 펜을 들어 일시에 써내
려간 『실증설』. 실증한 이가 아니고는 설파
할 수 없는 도리를 보아 실증하기를…

· *Experience of Reality*
 – Korean - English - French - Spanish - Chinese Edition

On the Lunar New Year 2010, Zen Master DaeWon wrote this
book *Experience of Reality*, in the hope that readers may
realize themselves and awaken to the Truth.

· 实证说 – 韓英法西中5国語版

大圆文载贤禅师在迎接2010年新春之际，为了众多佛子面前明示佛
法，忽然提起笔一口气写下来的《实证说》。希望各位通过这本书,
看到佛法的真义而实证。

· 누구나 궁금한 33가지 - 한영중 3개국어판

21세기의 인류를 위해 모든 이들이 가장 어렵고 궁금해 하는 문제, 즉 삶과 죽음, 종교와 진리에 대한 바른 지표를 제시하고자 대원 문재현 선사가 집필하여 출간하였다.

· 33 Questions
— Korean - English - Chinese Edition
The difficult questions of life, death, religion and truth revisited for the sake of the audience of the 21st century, written and published by Zen Master DaeWon.

· 所有人困惑的33个疑问 - 韓英中3国語版
为了21世纪的人类，正确的阐述所有人都困惑的问题，也就是生与死、宗教与真理，大圆文载贤禅师亲自执笔完成了写作并出版了这本书。

도서출판 문젠(Moonzen)의 책들

1~5. 바로보인 전등록 (전30권을 5권으로)

7불과 역대 조사의 말씀이 1,700공안으로
집대성되어 있는 선종 최고의 고전으로,
깨달음의 정수가 살아 숨쉬도록 새롭게 번
역되었다.

464, 464, 472, 448, 432쪽.

각권 18,000원

6. 바로보인 무문관

황룡 무문 혜개 선사가 저술한 공안집으로
전등록, 선문염송, 벽암록 등과 함께 손꼽히
는 선문의 명저이다.

본칙 48개와 무문 선사의 평창과 송, 여기에
역저자인 대원 문재현 선사의 도움말과 시송
으로 생명과 같은 선문의 진수를 맛보여 주
고 있다.

272쪽. 12,000원

7. 바로보인 벽암록

설두 선사의 설두송고를 원오 극근 선사가
수행자에게 제창한 것이 벽암록이다.

이 책은 본칙과 설두 선사의 송, 대원 문재현
선사의 도움말과 시송으로 이루어져, 벽암록
을 오늘에 맞게 바로 보이고 있다.

456쪽. 15,000원

8. 바로보인 천부경

우리 민족 최고(最古)의 경전 천부경을 깨달음의 책으로 새롭게 바로 보였다. 이 책에는 81권의 화엄경을 81자에 함축한 듯한 천부경과, 교화경, 치화경의 내용이 함께 담겨 있으며, 역저자인 대원 문재현 선사가 도움말, 토끼뿔, 거북털 등으로 손쉽게 닦아 증득하는 문을 열어놓고 있다.

432쪽. 15,000원

9. 바로보인 금강경

대원 문재현 선사의 『바로보인 금강경』은 국내 최초로 독창적인 과목을 내어 부처님과 수보리 존자의 대화 이면의 숨은 뜻을 드러내고, 자문과 시송으로 본문의 핵심을 꿰뚫어 밝혀, 금강경 전체를 손바닥 안의 겨자씨를 보듯 설파하고 있다.

488쪽. 15,000원

10. 세월을 북채로 세상을 북삼아

대원 문재현 선사의 선시가 담긴 선시화집 『세월을 북채로 세상을 북삼아』는 선과 시와 그림이 정상에서 만나 어우러진 한바탕이다. 선의 세계를 누리는 불가사의한 일상의 노래, 법열의 환희로 취한 어깨춤과 같은 선시가 생생하고 눈부시게 내면의 소리로 흐른다.

180쪽. 15,000원

11. 영원한현실

애매모호한 구석이 없이 밝고 명쾌하여, 너무도 분명함에 오히려 그 깊이를 헤아리기 어려운, 대원 문재현 선사의 주옥같은 법문을 모아 놓은 법문집이다.

400쪽. 15,000원

12. 바로보인 신심명

신심명은 양끝을 들어 양끝을 쓸어버리는, 40대치법으로 이루어진, 3조 승찬 대사의 게송이다.

이를 대원 문재현 선사가 바로 번역하는 것은 물론, 주해, 게송, 법문을 더해 통쾌하게 회통하고 자유자재 농한 것이 이 『바로보인 신심명』이다.

296쪽. 10,000원

13~17. 바로보인 환단고기 (전5권)

『바로보인 환단고기』 1권은 민족정신의 정수인 환단고기의 진리를 총정리하여 출간하였다.

2권에는 역사총론과 태초에서 배달국까지 역사가 실려있으며, 3권은 단군조선, 4권은 북부여에서부터 고려까지의 역사가 실려있다. 5권에는 역사를 증명하는 부록과 함께 환단고기 원문을 실었다.

344 · 368 · 264 · 352 · 344쪽. 각권 12,000원

18~47. 바로보인 선문염송 (전30권)

선문염송은 세계최대의 공안집이다. 전 공안을 망라하다시피 했기에 불조의 법 쓰는 바를 손바닥 들여다보듯 하지 않고 는 제대로 번역할 수 없다. 대원 문재현 선사는 전 공안을 바로 참구할 수 있게끔 번역하고 각 칙마다 일러보였다.

352 368 344 352 360 360 400 440 376 392
384 428 410 380 368 434 400 404 406 440
424 460 472 456 504 528 488 488 480 512쪽
각권 15,000원

48. 앞뜰에 국화꽃 곱고 북산에 첫눈 희다

대원 문재현 선사의 선문답집으로 전강·경 봉·숭산·묵산 선사와의 명쾌한 문답을 실 었으며, 중앙일보의 <한국불교의 큰스님 선문 답> 열 분의 기사와 기자의 질문에 대한 대 원 문재현 선사의 별답을 함께 실었다.

200쪽. 5,000원

49. 바로보인 증도가

선종사에 사라지지 않을 발자취로 남은 영가 선사의 증도가를 대원 문재현 선사가 번역하 고 법문과 송을 더하였다.
자비의 방편인 증도가의 말씀을 하나하나 쳐 가는 선사의 일갈이야말로 영가 선사의 본 의중과 일치하여 부합하는 것이라 아니할 수 없다.

376쪽. 10,000원

50. 바로보인 반야심경

이 시대의 야부 선사, 대원 문재현 선사가 최초로 반야심경에 과목을 붙여 반야심경 내면에 흐르는 뜻을 밀밀하게 밝혀놓고 거침없는 송으로 들어보였다.

200쪽. 10,000원

51~52. 선(禪)을 묻는 그대에게 (전10권 중 2권)

대원 문재현 선사의 선수행에 대한 문답집. 깨달아 사무친 경지에 대한 밀밀한 점검과, 오후보림에 대한 구체적인 수행법 제시와, 최초의 무명과 우주생성의 원리까지 낱낱이 설한 법문이 담겨 있다.

280쪽, 272쪽. 각권 15,000원

53. 바로보인 선가귀감

선가귀감은 깨닫고 닦아가는 비법이 고스란히 전수되어 있는 선가의 거울이라 할 만하다. 더욱이 바로보인 선가귀감은 매 소절마다 대원 문재현 선사의 시송이 화살을 과녁에 적중시키듯 역대 조사와 서산대사의 의중을 꿰뚫어 보석처럼 빛나고 있다.

352쪽. 15,000원

54. 바로보인 법융선사 심명

심명 99절의 한 소절, 한 소절이 이름 그대로 마음에 새겨두어야 할 자비광명들이다. 이 심명은 언어와 문자이면서 언어와 문자를 초월한 일상을 영위하게 하는 주옥같은 법문이다.

278쪽. 12,000원

55. 주머니 속의 심경

반야심경은 부처님이 설하신 경 중에서도 절제된 경으로 으뜸가는 경이다. 대원 문재현 선사의 선송(禪頌)도 그 뜻을 따라 간략하나 선의 풍미를 한껏 담고 있다. 하루에 한 소절씩을 읽고 참구한다면 선 수행의 지름길이 될 것이다.

84쪽. 5,000원

56. 바로보인 법성게

법성게는 한마디로 화엄경의 핵심부를 온통 훤출히 드러내놓은 게송이다. 짧은 글 속에 일체의 법을 이렇게 통렬하게 담아놓은 법문도 드물 것이다.

이렇게 함축된 법성게 법문을 대원 문재현 선사가 속속들이 밀밀하게 설해놓았다.

176쪽. 10,000원

57. 달다 - 전강 대선사 법어집

이제는 전설이 된 한국 근대선의 거목인 전강 선사님의 최상승법과 예리한 지혜, 선기로 넘쳤던 삶이 생생하게 담겨 있는 전강 대선사 법어집 < 달다 > !

전강 대선사님의 인가 제자인 대원 문재현 선사가 전강 대선사님의 법거량과 법문, 일화를 재조명하여 보였다.

368쪽. 15,000원

58. 기우목동가

그 뜻이 심오하여 번역하기 어려웠던 말계 지은 선사의 기우목동가!

대원 문재현 선사가 바른 뜻이 드러나도록 번역하고, 간결한 결문과 주옥같은 선송으로 다시 보였다.

146쪽. 10,000원

59. 초발심자경문

이 초발심자경문은 한문을 새기는 힘인 문리를 터득하게 하기 위하여 일부러 의역하지 않고 직역하였다.

대원 문재현 선사의 살아있는 수행지침도 실려 있다.

266쪽. 10,000원

60. 방거사어록

방거사어록은 선의 일상, 선의 누림을 보여 주는 대표적인 선문이다. 역저자인 대원 문재현 선사는 방거사어록의 문답을 '본연의 바탕에서 꽃피우는 일상의 함'이라 말하고 있다. 법의 흔적마저 없는 문답의 경지를 온전하게 드러내 놓은 번역과, 방거사와 호흡을 함께 하는 듯한 '토끼뿔'이 실려 있다.

266쪽. 15,000원

61. 실증설

이 책의 모태는 대원 문재현 선사가 2010년 2월 14일 구정을 맞이하여 불자들에게 불법의 참뜻을 보이기 위해 홀연히 펜을 들어 일시에 써내려간 이 책의 3부이다. 실증한 이가 아니고는 설파할 수 없는 일구 도리로 보인 이 3부와 태초로부터 영겁에 이르는 성품의 이치를 문답과 인터뷰 법문으로 낱낱이 설한 1, 2를 보아 실증하기를…

224쪽. 10,000원

62. 하택신회대사 현종기

육조대사의 법이 중국천하에 우뚝하도록 한 장본인, 하택신회대사의 현종기. 세간에 지해종도로 알려져 있는 편견을 불식시키는 뛰어난 깨달음의 경지가 여기에 담겨있다. 대원 문재현 선사가 하택신회대사의 실경지를 드러내고 바로보임으로써 빛냈다.

232쪽. 10,000원

63. 불조정맥 - 韓·英·中 3개국어판

석가모니불로부터 현 78대에 이르기까지 불조정맥진영(佛祖正脈眞影)과 정맥전법게(正脈傳法偈)를 온전하게 갖춘 최초의 불조정맥서. 대원 문재현 선사가 다년간 수집, 정리하여 기도와 관조 끝에 완성한 『불조정맥』을 3개 국어로 완역하였다.

216쪽. 20,000원

64. 바른 불자가 됩시다

참된 발심을 하여 바른 신앙, 바른 수행을 하고자 해도, 그 기준을 알지 못해 방황하는 불자님들을 위해 불법의 바른 길잡이 역할을 하도록 대원 문재현 선사가 집필하여 출간하였다.

162쪽. 10,000원

65. 누구나 궁금한 33가지

21세기의 인류를 위해 모든 이들이 가장 어렵고 궁금해 하는 문제, 삶과 죽음, 종교와 진리에 대한 바른 지표를 제시하고자 대원 문재현 선사가 집필하여 출간하였다.

180쪽. 10,000원

66. 108진참회문 - 韓·英·中 3개국어판

전생의 모든 악연들이 사라져 장애가 없어지고, 소망하는 삶을 살게 하기 위해 대원 문재현 선사가 10계를 위주로 구성한 108 항목의 참회문이다. 한 대목마다 1배를 하여 108배를 실천할 것을 권한다.

170쪽. 15,000원

67. 달마의 일할도 허락지 않는다

대원 문재현 선사의 짧고 명쾌한 법문집. 책을 잡는 순간 달마의 일할도 허락지 않는 선기와 맞닥뜨리게 될 것이다. 때로는 하늘을 찌를 듯한 기세와, 때로는 흔적 없는 공기와도 같은 향기를 일별하기를…

190쪽. 10,000원

68. 마음대로 앉아 죽고 서서 죽고

생사를 자재한 분들의 앉아서 열반하고 서서 열반한 내력은 물론 그분들의 생애와 법까지 일목요연하게 수록해놓았다.

446쪽. 15,000원

69. 화두 - 韓·英·中 3개국어판

『화두』는 대원 문재현 선사의 평생 선문답의 결정판이다. 생생하게 살아있는 선(禪)을 한·영·중 3개국어로 만날 수 있다. 특히 대원 문재현 선사의 짧은 일대기가 실려 있어 그 선풍을 음미하는 데에 큰 도움을 주고 있다.

440쪽. 15,000원

70. 바로보인 간당론

법문하는 이가 법리를 모르고 주장자를 치는 것을 눈먼 주장자라 한다. 법좌에 올라 주장자 쓰는 이들을 위해서 대원 문재현 선사가 간당론에서 선리(禪理)만을 취하여 『바로보인 간당론』을 출간하였다.

218쪽. 20,000원

71. 완전한 우리말 불공예식법

부처님께 공양을 올리고 불보살님의 가피를 구하는 예법 등을 총칭하여 불공예식법이라 한다. 대원 문재현 선사가 이러한 불공예식의 본 뜻을 살려서 완전한 우리말본 불공예식법을 출간하였다.

456쪽. 38,000원

72. 바로보인 유마경

유마경은 가히 불법의 최정점을 찍는 경전이라 할 것이니, 불보살님이 교화하는 경지에서의 깨달음의 실경과 신통자재한 방편행을 보여주는 최상승 경전이다. 대원 문재현 선사가 < 대원선사 토끼뿔 >로 이 유마경에 걸맞는 최상승법을 이 시대에 다시금 드날렸다.

568쪽. 20,000원

73. 실증설 5개국어판 - 韓·英·佛·西·中 5개국어판

대원 문재현 선사가 불법의 참뜻을 보이기 위해 홀연히 펜을 들어 일시에 써내려간 실증설! 실증한 이가 아니고는 설파할 수 없는 도리로 가득한 이 책이 드디어 영어, 불어, 스페인어, 중국어를 더하여 5개국어로 편찬되었다.

860쪽. 25,000원

74. 누구나 궁금한 33가지 3개국어판 - 韓·英·中 3개국어판

누구라도 풀어야 할 숙제인 33가지의 의문에 대한 답을 21세기의 현대인에게 맞는 비유와 언어로 되살린 『누구나 궁금한 33가지』가 한글, 영어, 중국어 3개국어로 출간되었다.

408쪽. 15,000원

법문 MP3를 주문판매합니다

부처님의 78대손이신 대원(大圓) 문재현(文載賢) 전법선사님의 법문 MP3가 나왔습니다. 책으로만 보아서는 고준하여 알기 어려웠던 선문(禪文)의 이치들이 자세히 설하여져 있어서, 모든 궁금증을 시원하게 풀어줄 것입니다.

- 천부경 : 15,000원
- 신심명 : 30,000원
- 현종기 : 65,000원
- 기우목동가 : 75,000원
- 반야심경 : 1회당 5,000원 (총 32회)
- 선가귀감 : 1회당 5,000원 (총 80회)

- 금강경 : 40,000원
- 법성게 : 10,000원
- 법융선사 심명 : 100,000원

대원 선사님 작사 노래 CD 주문판매합니다

가슴으로 부르는
불심의 노래

1. 서 원 가 (3:36)
2. 반조 염불가 (4:00)
3. 소중한 삶 (2:30)
4. 석가모니불 (4:52)
5. 맹서의 노래 (4:25)
6. 염원의 노래 (3:25)
7. 음성 공양 (3:51)
8. 발 심 가 (3:05)
9. 자비의 품 (4:10)
10. 부처님 은혜(첫 번째) (4:34)

11. 보살의 마음 (3:50)
12. 이 생에 해야 할 일 (3:08)
13. 구도의목표 (3:18)
14. 님은 아시리 (3:42)
15. 부처님 은혜(두 번째) (4:34)
16. 십중성인 오실때 (3:10)
17. 내 문제는 내가 풀자 (2:38)
18. 즐거운 밤 (2:27)
19. 관 음 가 (2:48)

• 가격 : 2만원

가슴으로 부르는
불심의 노래 2

1. 부 처 님 (4:01)
2. 열반재일 (3:09)
3. 성도재일 (4:00)
4. 석굴암의 노래 (3:19)
5. 님의 모습 (3:15)
6. 믿고 따르세 (2:55)
7. 신명을 다하리 (4:17)
8. 부처님께 바치는 마음 (3:49)
9. 감사합니다 (3:10)
10. 교 歌 가 (4:30)

11. 성전강 조조 (3:08)
12. 권 수 거(1) (3:02)
13. 권 수 가(2) (3:02)
14. 우란분재일 (3:38)
15. 고맙습니다 (2:31)
16. 믿음으로 여는 세상 (3:05)
17. 출가재일 (2:44)
18. 염 원 (2:52)
19. 우리네 삶, 고운 수로 (2:35)
20. 숲속의 마음 (2:33)

• 가격 : 1만5천원

문의 전화 ☎ 031-534-3373

유튜브에서 채널 구독하시고
무료로 찬불가 앨범을 감상하세요

유튜브에서 MOONZEN을 검색하시거나
아래의 주소로 접속해주세요

http://www.youtube.com/user/officialMOONZEN